CHE GUEVARA HABLA A LA JUVENTUD

CHE GUEVARA HABLA
A LA JUVENTUD

∾

Prefacio por Armando Hart Dávalos

Introducción por Mary-Alice Waters

Pathfinder

NUEVA YORK   LONDRES   MONTREAL   SYDNEY

Edición: Mary-Alice Waters

ISBN 0-87348-913-6
Impreso y hecho en Estados Unidos de Norteamérica
Manufactured in the United States of America

Primera edición, 2000
Cuarta impresión, 2005

TEXTO: El original de los discursos de Ernesto Che Guevara fue ensamblado y su
archivo digital compilado por la Casa Editora Abril.

FOTO DE LA PORTADA: Che Guevara habla ante el Primer Congreso
Latinoamericano de Juventudes en La Habana, 28 de julio de 1960. (Osvaldo
Salas)

DISEÑO DE LA PORTADA: Eric Simpson
DISEÑO DEL LIBRO: Eva Braiman

Pathfinder

www.pathfinderpress.com
Correo electrónico: pathfinder@pathfinderpress.com

DISTRIBUIDORES DE PATHFINDER EN EL MUNDO:
Australia (y Oceanía y el sudeste de Asia):
    Pathfinder, Level 1, 3/281-287 Beamish St., Campsie, NSW 2194
    Dirección postal: P.O. Box 164, Campsie, NSW 2194
Canadá:
    Pathfinder, 2238 Dundas St. West, Suite 201, Toronto, ON M6R 3A9
Estados Unidos (y América Latina, el Caribe y el Asia del este):
    Pathfinder, 306 W. 37th St., 10° piso, Nueva York, NY 10018-2852
Islandia:
    Pathfinder, Skolavordustig 6B, Reikiavik
    Dirección postal: P. Box 0233, IS 121 Reikiavik
Nueva Zelanda:
    Pathfinder, Suite 3, 7 Mason Ave., Otahuhu, Auckland
    Dirección postal: P.O. Box 3025, Auckland
Reino Unido (y Europa, Africa, Oriente Medio y el Asia del sur):
    Pathfinder, 1er piso, 120 Bethnal Green Road
    (entrada en Brick Lane), Londres E2 6DG
Suecia:
    Pathfinder, Bjulevägen 33, kv, S-122 41 Enskede

CONTENIDO

ERNESTO CHE GUEVARA

Ernesto Che Guevara nació en Rosario, Argentina, el 14 de junio de 1928. Antes y después de recibirse de médico en 1953, viajó extensamente por América Latina. En 1954, mientras vivía en Guatemala, se sumó a otros que se oponían al operativo de la CIA para derrocar al gobierno de Jacobo Arbenz. Tras ser depuesto Arbenz, Ernesto Guevara, al igual que miles de otros en ese país, logró atravesar la frontera a México. Allí, en el verano de 1955, fue presentado a Fidel Castro, quien lo escogió a él y a Raúl Castro como los dos primeros integrantes de la fuerza expedicionaria que el Movimiento Revolucionario 26 de Julio estaba organizando para derrocar al dictador Fulgencio Batista.

A fines de noviembre de 1956, los 82 combatientes partieron de Tuxpan, México, a bordo del yate *Granma*. Las fuerzas rebeldes desembarcaron el 2 de diciembre en la costa suroriental de Cuba, en la provincia de Oriente, para iniciar la guerra revolucionaria desde la Sierra Maestra. Habiendo comenzado como médico de tropa, Ernesto Guevara fue nombrado, en julio de 1957, comandante de la segunda columna del Ejército Rebelde (la Columna no. 4). A fines de agosto de 1958, dirigió la Columna no. 8 Ciro Redondo hacia la provincia de Las Villas, en la región central de Cuba. La campaña de Las Villas culminó con la toma de Santa Clara, la tercera ciudad de Cuba, suceso que precipitó el fin de la dictadura.

Tras la caída de Batista el primero de enero de 1959, Che desempeñó diversas responsabilidades en el nuevo gobierno revolucionario, entre ellas jefe del Departamento de Industrialización del Instituto Nacional de Reforma Agraria (INRA), presidente del Banco Nacional y ministro de industrias, a la vez que siguió ejerciendo sus tareas como oficial del Ejército Rebelde y luego de las Fuerzas Armadas Revolucionarias. En muchas ocasiones representó a Cuba a nivel internacional: en una reunión en 1961 auspiciada por la Organización de Estados Americanos en Punta del Este, Uruguay; en la Organización de Naciones Unidas en diciembre de 1964; y en otros foros mundiales. Como dirigente del Movimiento 26 de Julio, contribuyó a la unificación del Movimiento 26 de Julio, el Partido Socialista Popular y el Directorio Revolucionario 13 de Marzo en una organización política única, proceso que culminó en la fundación del Partido Comunista de Cuba en octubre de 1965.

Luego de nueve años de destacados servicios en la dirección de la revolución —y consecuente con un acuerdo que había hecho con Fidel Castro desde un principio— en marzo de 1965 Che Guevara renunció a sus cargos en el gobierno y el partido, incluidos su grado y responsabilidades militares, y partió de Cuba a fin de seguir luchando contra el imperialismo "en otras tierras del mundo". Junto a un grupo de voluntarios internacionalistas cubanos, algunos de los cuales lo acompañarían más tarde en Bolivia, Che fue primero al Congo para ayudar al movimiento fundado por Patricio Lumumba, dirigente de la lucha congoleña para independizarse de Bélgica. Desde noviembre de 1966 hasta octubre de 1967, dirigió una campaña guerrillera en Bolivia contra la dictadura militar de ese país, buscando vincularse a las crecientes luchas revolucionarias de trabajadores y campesinos en toda la región. Herido y capturado en la Quebrada del Yuro el 8 de octubre de 1967 por el ejército boliviano en un operativo organizado junto con la CIA, fue asesinado al día siguiente en el pueblo de La Higuera.

PREFACIO

Escribir el prefacio a esta obra *Che Guevara habla a la juventud* que tiene, además, como epílogo las palabras de Fidel en el monumento erigido en el centro de la isla, donde descansan los restos sagrados del héroe y de sus entrañables compañeros, constituye para mí, además de un honor, un verdadero reto. Se trata de compartir con el joven lector —principal destinatario del libro— algunas reflexiones obligadamente breves acerca de esta figura trascendente de América y de la historia contemporánea universal.

Es cierto que el Che hablaría hoy a los jóvenes en condiciones bien diferentes a las de hace más de tres décadas. Sin embargo, resulta sumamente estimulante constatar, al repasar estos textos, la valiosísima actualidad e interés que mantienen, lo cual lo confirma como un hombre de estos tiempos.

Se dijo a principios de los 90 que habían desaparecido los paradigmas y toda posibilidad de encontrar nuevos. Sin embargo, la imagen del Guerrillero Heroico se levanta como un fantasma que recorre el mundo occidental. Crece y seguirá creciendo, y lo hará con mayor o menor fuerza y riqueza de ideas en la medida en que llegue a los jóvenes y éstos asuman las esencias y fundamentos de sus acciones y esperanzas.

El gran pensador revolucionario de América, José Carlos Mariátegui, estudió y destacó la necesidad de los mitos. Señaló cómo los pueblos que han realizado grandes hazañas han debido crear mitos multitudinarios. Si queremos ser revolucionarios en el sentido más estricto de la palabra debemos estudiar las razones y los factores que determinan el hecho real de que el Che vive en el corazón de América y se expresa de mil maneras en los anhelos y aspiraciones de los jóvenes más radicales de diversos continentes. Unos

9

treinta años después de su ascenso a la inmortalidad en Quebrada del Yuro, su imagen recorre plazas y calles renovando su grito de "Hasta la victoria siempre". Encontrar los fundamentos de estos hechos es la mejor manera de ser consecuentes con el ideal del socialismo y con las posibilidades de un cambio revolucionario.

La exaltación del sentimiento heroico y de lo ético en la política y la historia quedó grabada para siempre en la mente de las nuevas generaciones con las enseñanzas y el ejemplo del sacrificio del combatiente de la selva boliviana. Y como era la moral lo que faltó en la política que terminó imponiéndose en los procesos revolucionarios, se ha confirmado dramáticamente aquella convicción del Che: sin moral no hay revolución. También postuló con elocuencia, profundidad y rigor la necesidad de un hombre nuevo en el siglo XXI. La vida ha obligado a formarlo dentro de esta misma centuria. Reconocer el enorme papel de la cultura y de la ética en la historia de las civilizaciones y extraer de ello las debidas consecuencias prácticas es el mensaje más importante dirigido a los jóvenes por el Comandante Ernesto Che Guevara. Esto tiene su historia. La civilización nunca hizo un análisis con la profundidad debida, desde el plano científico, del papel de la ética y de la vida espiritual en el curso de la historia. Es el reto intelectual más importante que el siglo XX deja a los jóvenes.

Si en Europa la cultura occidental y cristiana comenzó a evolucionar desde antes del año mil hasta alcanzar con Marx y Engels el más alto saber filosófico en relación con las ciencias sociales y económicas, en América Latina y el Caribe cristalizó una línea de pensamiento, cuyo símbolo son Bolívar y Martí, que potencia al hombre y el papel de la educación, la cultura y la política sobre fundamentos científicos. La originalidad de Ernesto Che Guevara —que es la de la Revolución Cubana— también está en que inspirado en la herencia espiritual de Nuestra América asumió el pensamiento de Marx y Engels a partir de un compromiso ético y se planteó la posibilidad de emplear los llamados factores subjetivos para incentivar y orientar la acción revolucionaria de las masas y de la sociedad en su conjunto.

Lo valioso e interesante para las ideas marxistas estriba en que desde tales perspectivas el Che se acercó más radicalmente a Marx que aquellas interpretaciones sobre las ideas del autor de *El Capital* prevalecientes en la segunda mitad del siglo XX. Las tesis tercermundistas de los guerrilleros internacionalistas caídos en Bolivia implicaban que la práctica socialista se orientara en forma decisiva en favor del Tercer Mundo. Era una sabiduría política y una ética que no fueron comprendidas y apoyadas en su momento por quienes podían y debían hacerlo. Por ello, el mundo cambió a favor de la derecha más reaccionaria. Así se desembocó en el caos postmoderno.

En su discurso de Argel el 24 de febrero de 1965, aquel llamado adquirió características dramáticas y polémicas. La historia habría de darle la razón en forma de tragedia. Lo más triste para los revolucionarios consiste en que las posiciones acerca del papel de los países antes colonizados o neocolonizados tenían mucho que ver con las previsiones geniales de Lenin varias décadas atrás, cuando señaló la importancia de los movimientos de liberación que se gestaban en el Oriente. Existe valiosa literatura del forjador de la Revolución de Octubre que precisa volver sobre ella en los tiempos actuales.

La insuficiencia de las ciencias sociales en el sistema dominante ha estado en que no han tenido en cuenta una realidad clave: la miseria actual y creciente, raíz de los males y angustias que sufre el hombre moderno junto a la destrucción de la naturaleza. Superar esta situación es el más grande desafío que tiene el hombre hacia el siglo XXI. Abordar este tema desde el plano científico en tanto ignorancia de lo real es lo esencial de una ética que aspira a desarrollarse sobre sólidas bases hacia el futuro. Ignorar el dolor humano es el gran crimen de los sistemas sociales vigentes. Seamos realistas, pero con la realidad total, integral del hombre, y no en la forma parcial y mezquina con que ven la realidad los intereses creados.

El Che veía y apreciaba la realidad con sentido ético para mejorarla. Ahí es donde está la fuerza del mito que nos dejó. Su personalidad se ensambla con el más elevado pensamiento filosófico europeo, Marx y Engels, y con el sentido utópico de Nuestra América, Bolívar y Martí.

El error de quienes renuncian a la utopía está en no tomar en cuenta las exigencias reales que, subyacentes en los hechos, emergen hacia la superficie. Por esta razón, no pueden concebir las verdades del mañana.

La esencia de la cultura latinoamericana presente en la conciencia revolucionaria del Che está en situar la realidad y la práctica como elementos indispensables para el conocimiento de la verdad y la transformación del mundo a favor de la justicia y, a la vez, convertir el sentido utópico del Nuevo Mundo en incentivo para forjar la realidad del mañana. El Che no renunció, pues, ni a la realidad ni a la esperanza. Era un revolucionario de ciencia y conciencia como lo necesitan América y el mundo para abordar el reto que nos plantea la próxima centuria.

Profundicen estudiantes y jóvenes en general en estos textos del Che y hallarán una buena lección para los tiempos que corren y los que están por venir.

Armando Hart Dávalos
diciembre de 1999

INTRODUCCION

Todos los miembros del gobierno cubano —jóvenes de edad, jóvenes de carácter y de ilusiones— han, sin embargo, madurado en la extraordinaria universidad de la experiencia y en contacto vivo con el pueblo, con sus necesidades y con sus anhelos.

Ernesto Che Guevara
28 de julio de 1960

Che Guevara habla a la juventud no es "Che para principiantes". El legendario revolucionario nacido en Argentina, que ayudó a dirigir la primera revolución socialista en las Américas e iniciar la renovación del marxismo en los años sesenta, habla de igual a igual con los jóvenes de Cuba y del mundo. Nunca los trata de manera paternalista. Sienta un ejemplo al instar a los jóvenes a que se pongan a la altura de la acción revolucionaria y del pensamiento científico necesarios para encarar y resolver las contradicciones históricas del capitalismo que amenazan a la humanidad.

Los desafía a que trabajen, tanto física como intelectualmente. A que aprendan a ser disciplinados. A que se conviertan en revolucionarios de acción, asumiendo sin temor su lugar en la vanguardia, sobre las filas delanteras de las luchas tanto pequeñas como grandes. Les insta, conforme crezcan y cambien a través de estas experiencias, a que lean ampliamente y estudien con rigor. A que asimilen, y hagan propias, las conquistas científicas y culturales no sólo de su propio pueblo sino de todas las civilizaciones anteriores. A que aspiren a ser combatientes revolucionarios, conscientes de que una sociedad diferente puede nacer únicamente de las luchas de hombres y mujeres que estén dispuestos a poner en juego su vida y su futuro por ello. Los llama a que politicen la labor de las organizaciones e instituciones de las cuales forman parte y, en este proceso, a sí mismos. A que se conviertan en seres humanos de un tipo diferente, a medida que se empeñen en transformar el mundo junto al pueblo trabajador de todos los países. Y siguiendo esta trayectoria, los anima a que renueven y se regocijen continuamente de la espontaneidad, la frescura, el optimismo y la alegría de ser joven.

"Che fue un verdadero comunista", dijo el presidente cubano Fidel Castro en el acto solemne en la ciudad de Santa Clara el 17 de octubre de 1997, al ser depositados los restos de Che Guevara y seis de sus compañeros de lucha en un memorial dedicado a su honor, 30 años después de su caída en combate en Bolivia. Che se basaba en leyes objetivas, dijo Castro, en las leyes de la historia, y tenía una confianza sin reservas en la capacidad de los seres humanos, del pueblo trabajador común y corriente, de cambiar el curso de la historia. En el proceso de hacer una revolución socialista a las puertas del imperialismo yanqui, insistió Che, los trabajadores y campesinos de Cuba se reharían como entes sociales con una conciencia nueva, un conjunto nuevo de valores, una perspectiva mundial nueva, una relación mutua transformada. Sentarían un ejemplo para todos.

En su prefacio a estos discursos, Armando Hart subraya que, en torno a esta y otras cuestiones, Che —y la Revolución Cubana de la cual formaba parte— "se acercó más radicalmente a Marx" que la mayoría de aquellos de la segunda mitad del siglo XX que decían hablar en nombre del comunismo. "Esta revolución, en caso de ser marxista", dijo Che Guevara a los 900 participantes del Primer Congreso Latinoamericano de Juventudes en el verano de 1960, "sería porque descubrió también, por sus métodos, los caminos que señalara Marx". Profundamente arraigado en la historia, cultura y política de su patria latinoamericana, Che brindó a esa realidad social y a sus tradiciones de lucha una comprensión científica de las leyes universales de la historia de las sociedades de clases. Combinó una renovación de la ortodoxia marxista en la teoría con el ejemplo de valor físico y moral que le ganó el nombre de Guerrillero Heroico.

En las páginas que siguen, Ernesto Che Guevara recurre a menudo a sus propias experiencias para explicar a los demás por qué la imagen del héroe solitario y abnegado —imagen en la cual, posteriormente, muchos pretendieron rehacer al propio Che— no es más que la exaltación del individualismo burgués, el reverso de la moneda de la realidad capitalista de lucha de lobos. Es lo opuesto del camino de la cooperación revolucionaria del pueblo trabajador, el camino que hizo posible la Revolución Cubana.

Al hablar ante un grupo de estudiantes de medicina y trabajadores de la salud en agosto de 1960, Che describe cómo su idealismo juvenil, mientras estudiaba medicina, lo condujo al sueño de ser un investigador famoso, de "trabajar infatigablemente para conseguir algo que podía estar, en definitiva, puesto a disposición de la humanidad, pero que en aquel momento era un triunfo personal. Era, como todos somos, un hijo del medio".

Sin embargo, al viajar por las Américas y conocer directamente las realidades económicas, sociales y políticas de la dominación imperialista, llegó a reconocer la futilidad de dicho curso. "De nada sirve el esfuerzo aislado, el esfuerzo individual, la pureza de ideales, el afán de sacrificar toda una vida —una vida al más noble de los ideales— si ese esfuerzo se hace solo, solitario en algún rincón de América, luchando contra los gobiernos adversos y las condiciones sociales que no permiten avanzar".

"Para ser revolución", dijo Guevara, "se necesita esto que hay en Cuba: que todo un pueblo se movilice y que aprenda, con el uso de las armas y el ejercicio de la unidad combatiente, lo que vale un arma y lo que vale la unidad del pueblo".

Antes de que pudiera ser un médico revolucionario, había que hacer revolución. Una vez que emprendió esa marcha, Che Guevara jamás retrocedió.

Comenzando como joven estudiante rebelde que se sentía atraído a las ideas revolucionarias, Ernesto Guevara —como otros gran-

des dirigentes comunistas que lo precedieron, desde Marx y Engels—
fue reclutado a la vanguardia revolucionaria popular que luchaba
empuñando las armas por su liberación contra la opresión, la explotación y todos los ultrajes acompañantes. Al seguir esa trayectoria de acción revolucionaria por parte del pueblo trabajador, com-
binada con trabajo y estudio sistemáticos, disciplinados y tesoneros,
Che emergió como uno de los más destacados dirigentes proletarios de nuestra época. El inicio de la primera revolución socialista
en las Américas, cuyo triunfo él ayudó a asegurar, el ejemplo de
internacionalismo sentado por todo el liderazgo de la revolución, y
los propios aportes de Che Guevara, recogidos en los discursos y
escritos que nos legó, dieron pie a una renovación del marxismo
que no se limitó a América.

Al tomar consecuentemente como guía las conquistas políticas
y teóricas de Marx, Engels y Lenin, al hacer de los primeros años
de la Revolución de Octubre un punto de referencia, Che Guevara
se dedicó a sentar una base que ayudaría a conducir a la Revolución Cubana hacia un destino diferente del sufrido por los regímenes y partidos de Europa oriental y la Unión Soviética. No es
casualidad que su nombre y su ejemplo se asocien tan íntimamente con lo que en Cuba se denomina el proceso de rectificación: el conjunto de políticas que Fidel Castro inició en 1986 (bastante antes de que se "desmerengara" toda Europa oriental, como
dicen los cubanos) y que fortaleció al pueblo trabajador cubano,
encauzando a la revolución por una trayectoria que le permitió
sobrevivir la prueba severa del aislamiento político y las dificultades económicas de los años noventa, conocida como el Periodo
Especial.

El marxismo profundo de Che Guevara anima cada uno de los
discursos en este libro. "En cuestiones de principio", dijo en la
reunión internacional de estudiantes de arquitectura en La Habana en septiembre de 1963, "en nuestro país existe lo que científicamente se llama la dictadura del proletariado, y esa parte, la parte estatal de la dictadura del proletariado, nosotros no permitimos
que se toque ni se atente contra ella. Pero dentro de la dictadura

del proletariado puede existir un marco inmenso de discusión y de expresión de las ideas".

Según apunta Armando Hart, Che sentó el ejemplo y educó infatigablemente a las personas en las que influía, especialmente a la gente joven, acerca de la necesidad de que la revolución socialista asuma y mantenga la preeminencia moral frente a las viejas clases dominantes que presumen hablar en nombre de la libertad y la justicia, de la belleza y la verdad. Con su sentido de humor mordaz, ayudó a aquellos con quienes colaboraba a comprender el carácter de clase de todos estos problemas.

Entre los muchos momentos espléndidos pero penetrantes que los lectores encontrarán en las páginas que siguen, está la lección que él imparte sobre la relación práctica entre los fundamentos de clase de la ética y de la estética. En sus palabras a los estudiantes de arquitectura en 1963, al explicar que la tecnología es un arma que sirve a las distintas clases con fines distintos, Che señaló un mural en la pared del auditorio. Comentó que hay un arma pintada en el mural, "un M-1 norteamericano, un fusil Garand. Esa arma en manos de los soldados batistianos, cuando escupía metralla sobre nosotros, era muy fea. Pero adquiría una extraordinaria belleza cuando la conquistábamos, cuando se la quitábamos a un soldado, cuando la incorporábamos al ejército del pueblo. Y además se dignificaba en nuestras manos".

Un hilo similar de claridad científica y un materialismo dialéctico intransigente, sobre temas como la educación y la naturaleza humana, vinculan a Guevara con los escritos fundamentales de Marx, tales como sus "Tesis sobre Feuerbach" de 1845. Criticando el materialismo mecanicista de algunas de las fuerzas burguesas más progresistas de la época, Marx escribió: " La teoría materialista de que los hombres son producto de las circunstancias y de la educación olvida que son los hombres, precisamente, los que hacen que cambien las circunstancias y que el propio educador necesita ser educado". La naturaleza humana no es un rasgo inmutable de seres humanos considerados como individuos abstractos, dijo, sino concretamente "el conjunto de las relaciones sociales".

En sus palabras de despedida a las brigadas internacionales de trabajo voluntario, Che Guevara plantea, "¿Es que este pueblo ha hecho revolución porque es así?

"De ninguna manera", contesta.

"Este pueblo es así porque está en revolución". Con sus acciones están forjando relaciones sociales diferentes y una conciencia diferente de sí mismos y del mundo, convirtiéndose así en individuos diferentes, creando una "naturaleza humana" diferente, en camino a convertirse en hombres y mujeres socialistas.

"Aprendimos a respetar al campesino", dijo Che a los participantes del Congreso Latinoamericano de Juventudes en julio de 1960, "a respetar su sentido de la independencia, a respetar su lealtad, a reconocer sus anhelos centenarios por la tierra que le había sido arrebatada y a reconocer su experiencia en los mil caminos del monte".

Además, "los campesinos aprendieron de nosotros el valor que tiene un hombre cuando en sus manos hay un fusil y cuando ese fusil está dispuesto a disparar contra otro hombre, por más fusiles que acompañen a ese otro hombre. Los campesinos nos enseñaron su sabiduría", dijo Che, " y nosotros enseñamos nuestro sentido de la rebeldía a los campesinos. Y desde ese momento hasta ahora y para siempre, los campesinos de Cuba y las fuerzas rebeldes de Cuba, y hoy el gobierno revolucionario cubano, marchan unidos como un solo hombre".

La juventud debe marchar en la vanguardia, insiste Che Guevara siempre, y asumir las tareas más difíciles en cada empeño. Es el único camino para llegar a ser dirigentes de otros mujeres y hombres, así como los oficiales del Ejército Rebelde ganaron sus galones en el campo de batalla. Los jóvenes deben aprender a dirigir no sólo a sus contemporáneos, sino a los revolucionarios que son mayores que ellos. Deben ser ejemplo "donde se puedan mirar los hombres y mujeres de edad más avanzada que han perdido cierto entusiasmo juvenil, que han perdido cierta fe en la vida y que frente al ejemplo reaccionan siempre bien", dijo Che a los dirigentes de la UJC en octubre de 1962.

Ante todo, deben ser políticos. "Ser apolítico es estar de espaldas a todos los movimientos del mundo", dice a los asistentes a la reunión internacional de estudiantes de arquitectura.

Y a los jóvenes que trabajaban en el Ministerio de Industrias —que él mismo encabezaba en ese entonces— Che les explicó la necesidad de "politizar el ministerio". Es la única forma en que se puede luchar para que deje de ser un lugar "que verdaderamente es frío, que es bastante burocrático, un nido de burócratas meticulosos y machacones, del ministro para abajo, que están ahí constantemente peleando con tareas concretas para ir buscando nuevas relaciones y nuevas actitudes", les dijo. Unicamente al incorporar las más amplias perspectivas mundiales y de clase —y la aceptación más intransigente de las leyes de movimiento de la historia moderna— a las tareas más rutinarias se puede contrarrestar las presiones despolitizadoras y burocratizadoras de la existencia cotidiana que pueden minar la moral, la confianza y la combatividad hasta de los mejores combatientes revolucionarios.

Nadie puede ser dirigente, dijo Che a los cuadros de la UJC, si "solamente piensa en la revolución en el momento álgido del sacrificio, en el momento del combate, de la aventura heroica, de lo que se sale de lo vulgar y de lo cotidiano y, sin embargo, en el trabajo es mediocre o menos que mediocre. ¿Cómo puede ser eso?"

Si "la politización del ministerio" es parte de la respuesta que ofrece, el trabajo voluntario es otra parte.

"¿Por qué insistimos tanto en trabajo voluntario?" pregunta Che Guevara. "Económicamente significa casi nada". Pero "ahora lo importante es que una parte de la vida del individuo se entrega a la sociedad sin esperar nada, sin retribución de ningún tipo. . . . Allí empieza a crearse lo que después, por el avance de la técnica, por el avance de la producción y de las relaciones de producción, alcanzará un tipo más elevado, se convertirá en la necesidad social" que anticiparemos como hoy ansiamos un domingo libre.

Al seguir esa marcha estratégica, "serán automáticamente vanguardias dirigentes de la juventud", dijo Che a los miembros de la UJC en el Ministerio de Industrias. No tendrán nunca que pasar el tiempo en discusiones teóricas sobre qué es lo que debe hacer la juventud. "No dejen de ser jóvenes, no se transformen en viejos teóricos o teorizantes. Conserven la frescura de la juventud".

*

La publicación simultánea de *Che Guevara habla a la juventud* en español y en inglés fue posible gracias a la amplia cooperación de la Casa Editora Abril, editorial de la Unión de Jóvenes Comunistas en Cuba, cuyo director apoyó el proyecto con entusiasmo desde el principio en febrero de 1998 y aportó su tiempo y sus conocimientos para ayudar a escoger los textos, así como revisar las notas y los materiales introductorios. Rafaela Valerino, jefa del departamento de redacción del libro en la Editora Abril, supervisó la preparación de los archivos digitales de los discursos, y revisó todo el original. Si bien los esfuerzos de la Casa Editora Abril han mejorado la precisión y la legibilidad del libro, Pathfinder asume plena responsabilidad por todas las decisiones editoriales y, por tanto, cualquier error que haya quedado.

Asimismo, va un reconocimiento especial a Aleida March, directora del Archivo Personal del Che, por su cooperación y sus sugerencias perspicaces respecto a la selección de discursos y fotos.

La inestimable sección de fotos y las páginas internas de fotos se pudieron ensamblar gracias a la ayuda y los conocimientos de Delfín Xiqués de *Granma*, Manuel Martínez de *Bohemia* y Juan Moreno de *Juventud Rebelde*.

Para los lectores que no estén familiarizados con muchos de los nombres y sucesos históricos citados en este libro, las notas de glosario y la lista de lectura adicional al final les resultarán de especial utilidad.

*

"Representamos para los amos poderosos todo lo que hay de absurdo, de negativo, de irreverente y de convulso en esta América que ellos desprecian", dijo Ernesto Che Guevara a los estudiantes de la Universidad de La Habana. Pero para la gran masa del pueblo de las Américas, representamos "todo lo que hay de noble, todo lo que hay de sincero y de combativo".

Cuatro décadas más tarde, esas palabras siguen siendo certeras. Los diálogos que Che Guevara entabló con la juventud continúan señalando el camino a seguir: el camino para llegar a ser combatientes revolucionarios del más alto calibre y, según sus propias palabras, "políticos de nuevo cuño".

Mary-Alice Waters
enero del 2000

ACERCA DE ESTOS DISCURSOS

Che Guevara habla a la juventud se edita simultáneamente en español e inglés. Todos los discursos fueron publicados anteriormente en español en Cuba: en *Revolución*, periódico del Movimiento 26 de Julio, en *Granma*, órgano del Comité Central del Partido Comunista de Cuba, o en selecciones de obras de Ernesto Che Guevara.

Cuatro de los discursos de Che Guevara se publican por primera vez en inglés: el de la Universidad Central de Las Villas, el de marzo de 1960 en la Universidad de La Habana, la despedida a las brigadas internacionales de trabajo voluntario, y el discurso en el seminario sobre "La juventud y la revolución". Otros dos —el de apertura del Primer Congreso Latinoamericano de Juventudes, y la charla al Primer Encuentro Internacional de Estudiantes de Arquitectura— fueron publicados en traducciones al inglés en los años sesenta, pero desde hace años se agotaron las ediciones. Los dos restantes —la charla a los estudiantes de medicina y trabajadores de la salud, y el discurso en el segundo aniversario de la integración de las organizaciones juveniles— aparecieron en el libro *Che Guevara and the Cuban Revolution* (Che Guevara y la Revolución Cubana) editado por Pathfinder Press en 1987.

El discurso del presidente cubano Fidel Castro se publicó en *Granma*, y en la revista *Perspectiva Mundial* en Estados Unidos.

Arriba: Más de un millón de cubanos e invitados internacionales llegan a Las Mercedes, en las estribaciones de la Sierra Maestra, para celebrar el 26 de julio, donde se inauguró oficialmente el Congreso Latinoamericano de Juventudes.
Abajo: Participantes del congreso asisten a concentración en La Habana el 7 de agosto de 1960, donde se aprobó por aclamación el decreto del gobierno que nacionalizó las empresas de propiedad norteamericana.

"Cuando la Revolución Cubana habla, podrá estar equivocada, pero nunca dice una mentira".

Algo nuevo en América

A la sesión de apertura del Primer Congreso Latinoamericano de Juventudes
28 de julio de 1960

Inspirados por el ejemplo de la Revolución Cubana, que un año y medio atrás había derrocado a la dictadura de Fulgencio Batista —régimen respaldado por Washington— y establecido un gobierno que defendía los intereses de los trabajadores y campesinos cubanos, unos 900 jóvenes se dieron cita en La Habana durante el verano de 1960 con motivo del Primer Congreso Latinoamericano de Juventudes. Asistieron delegados y observadores de organizaciones juveniles, obreras, políticas y de solidaridad de todas las naciones de América Latina, así como varios procedentes de Estados Unidos, Canadá, la Unión Soviética, China y muchos otros países.

La inauguración formal del congreso en la Sierra Maestra el 26 de julio formó parte de la celebración nacional del séptimo aniversario del asalto dirigido por Fidel Castro a los cuarteles Moncada y Bayamo de la dictadura. Esa acción audaz en 1953 marcó el inicio de la lucha revolucionaria contra el régimen de Batista. Los participantes del encuentro juvenil, que duró dos semanas, reanudaron el congreso el 28 de julio en La Habana, donde Ernesto Che Guevara se dirigió a la primera sesión plenaria.

El congreso se celebró en una coyuntura decisiva para la revolución.

La hostilidad de Washington hacia las medidas tomadas por los trabajadores y campesinos cubanos había ido aumentando rápidamente desde mayo de 1959, fecha en que el gobierno revolucionario convirtió en ley uno de principales aspectos del programa reivindicado por Fidel Castro durante su juicio por el asalto al Moncada: la reforma agraria.

Esta ley, puesta en práctica por los campesinos y los trabajadores agrícolas, quienes se movilizaron en apoyo al decreto del gobierno, expropió los enormes latifundios de las compañías norteamericanas y los grandes terratenientes cubanos. Dio títulos de propiedad a la tierra, gratuitamente, a cien mil campesinos arrendatarios, aparceros y precaristas y creó granjas cooperativas que dieron empleo estable, por todo el año, a cientos de miles de trabajadores agrícolas.

Aunque Washington no se interesó en negociar con Cuba fórmula alguna de pago, la ley también disponía indemnizar a los propietarios norteamericanos con bonos del estado cubano, pagaderos en veinte años, cuyos fondos se extraerían de las ventas de azúcar cubano a Estados Unidos.

En junio de 1960, tres grandes consorcios petroleros de propiedad imperialista en Cuba anunciaron que rehusaban refinar el petróleo comprado de la Unión Soviética. El gobierno cubano respondió asumiendo el control de las refinerías de las empresas Texaco, Standard Oil y Shell. El presidente norteamericano Dwight Eisenhower decretó entonces una reducción drástica —en un 95 por ciento— de la cuota azucarera que Washington había acordado comprarle a Cuba. En toda la isla, los cubanos respondieron con el grito "Sin cuota pero sin bota".

Los asistentes al congreso juvenil fueron algunos de los que participaron en un acto de masas celebrado la madrugada del 7 de agosto, donde Fidel Castro leyó el decreto, aprobado unas horas antes por el gobierno revolucionario, mediante el cual se expropiaban "todos los bienes y empresas ubicados en el territorio nacional . . . que son propiedad de las personas jurídicas y nacionales de los Estados Unidos de Norteamérica". Los días y las noches siguientes se llegaron a conocer en Cuba como la "Semana de Júbilo Popular Cubano". Decenas de miles de cubanos, a los que se sumaron muchos de los jóvenes que asistían al congreso, festejaron con desfiles por las calles habaneras. En sus hombros cargaron ataúdes con los restos simbólicos de empresas estadounidenses —tales como la United Fruit Company, la International Telephone and Telegraph y la Standard Oil— los cuales tiraron al mar.

Durante los tres meses siguientes, millones de trabajadores y campesinos cubanos se movilizaron, apoyados y organizados por su nuevo gobierno, para defender su revolución. Ocuparon fábricas y campos y fortalecieron sus milicias voluntarias. Para fines de octubre, el gobierno revolucionario había expropiado prácticamente todos los bancos e industrias de propiedad imperialista, así como las propiedades más grandes de la clase capitalista cubana. Habían pasado a ser propiedad de los trabajadores y agricultores de Cuba. Esta transformación de las relaciones de propiedad, tanto en la ciudad como en el campo, dio inicio a la primera revolución socialista en las Américas.

Los delegados al Congreso Latinoamericano de Juventudes trabajaron en tres comisiones hasta el 8 de agosto. Debatieron y aprobaron resoluciones en las que, entre otras cosas, expresaron su apoyo a Cuba revolucionaria, llamaron a la solidaridad internacional contra el imperialismo yanqui, respaldaron el ingreso de la República Popular China a Naciones Unidas, y exigieron el fin de la discriminación racista y la creación de empleos y oportunidades económicas para los jóvenes del continente americano.

*

Compañeros de América y del mundo entero:

Sería largo enumerar ahora el saludo individual que nuestra patria da a cada uno de ustedes, y a cada uno de los países que representan. Queremos, sin embargo, hacer un distingo con algunas personas representantes de países castigados por catástrofes de la naturaleza o por catástrofes del imperialismo.

Queremos saludar especialmente esta noche al representante del pueblo de Chile, Clotario Blest, [*aplausos*] cuya voz juvenil ustedes escucharon hace un momento,[1] y cuya madurez, sin embargo, puede servir de ejemplo y de guía a nuestros hermanos trabajadores de ese sufrido pueblo, que ha sido castigado por uno de los más terri-

---

1. Muchos nombres y sucesos a los que se hace referencia en estos discursos se describen en las notas de glosario que aparecen al final del libro.

bles terremotos de la historia.[2]

Queremos saludar especialmente, también, a Jacobo Arbenz, [*aplausos*] presidente de la primera nación latinoamericana [Guatemala] que levantó su voz sin miedo contra el colonialismo y que expresó, en una reforma agraria profunda y valiente, el anhelo de sus masas campesinas. Y queremos agradecer también, en él, y en la democracia que sucumbió, el ejemplo que nos diera y la apreciación correcta de todas las debilidades que no pudo superar aquel gobierno,[3] para ir nosotros a la raíz de la cuestión y decapitar de un solo tajo a los que tienen el poder y a los esbirros de los que tienen el poder.

Y queremos saludar también a dos de las delegaciones más sufridas, quizás, de América. A Puerto Rico, [*aplausos*] que todavía hoy, después de 150 años de haberse declarado la libertad por primera vez en América, sigue luchando por dar el primer paso —el más difícil quizás— el de lograr, al menos formalmente, un gobierno libre. Y quisiera que los delegados de Puerto Rico llevaran mi saludo, y el de Cuba entera, a Pedro Albizu Campos. [*Aplausos*] Quisiéramos que le transmitieran a Pedro Albizu Campos toda nuestra emocionada cordialidad, todo nuestro reconocimiento por el camino que enseñara con su valor, y toda nuestra fraternidad de hombres libres hacia un hombre libre, a pesar de estar en una mazmorra de la sedicente democracia norteamericana. [*Gritos de "¡Fuera!"*]

Pero quisiera también saludar hoy, por paradójico que parezca, a la delegación que representa lo más puro del pueblo norteamericano. [*Ovación*] Y quisiera saludarla, porque no solamente el pueblo norteamericano no es culpable de la barbarie y de las injusticias de sus gobernantes, sino que también es víctima inocente de la ira de todos los pueblos del mundo, que confunden a veces un sistema social con un pueblo.

---

2. Una serie de terremotos y maremotos afectó el sur de Chile del 21 al 29 de mayo de 1960, dejando un saldo de más de cinco mil muertos.

3. Ver notas de glosario: Guatemala, golpe de estado de 1954.

Por eso, a las distinguidas personalidades que he nombrado, y a las delegaciones de los pueblos hermanos que he nombrado, va mi saludo individualizado, aunque mis brazos y los brazos de toda Cuba están abiertos para recibir a ustedes, y para mostrarles aquí lo que hay de bueno y lo que hay de malo, lo que se ha logrado y lo que está por lograrse, el camino recorrido y lo que falta por recorrer. Porque aun cuando todos ustedes vengan a deliberar, en nombre de sus respectivos países, en este congreso de la juventud latinoamericana, cada uno de ustedes —y de eso estoy seguro— vino acicateado por la curiosidad de conocer exactamente qué cosa era este fenómeno nacido en una isla del Caribe que se llama hoy: Revolución Cubana.

Y muchos de ustedes, de diversas tendencias políticas, se preguntarán hoy, como se han preguntado ayer y como quizás se pregunten mañana también: ¿qué es la Revolución Cubana? ¿Cuál es su ideología? Y enseguida surgirá la pregunta, que en adeptos o en contrarios siempre se hace en estos casos: ¿Es la Revolución Cubana comunista? Y unos contestarán esperanzados que sí, o que va camino de ello. Y otros, quizás decepcionados, piensen también que sí. Y habrán quienes decepcionados piensen que no, y quienes esperanzados piensen también que no.

Y si a mí me preguntaran si esta revolución que está ante los ojos de ustedes es una revolución comunista, después de las consabidas explicaciones para averiguar qué es comunismo, y dejando de lado las acusaciones manidas del imperialismo, de los poderes coloniales, que lo confunden todo, vendríamos a caer en que esta revolución, en caso de ser marxista —y escúchese bien que digo marxista—, sería porque descubrió también, por sus métodos, los caminos que señalara Marx. [*aplausos*]

Recientemente una de las altas personalidades de la Unión Soviética, el viceprimer ministro [Anastas] Mikoyan, [*aplausos*] al brindar por la felicidad de la Revolución Cubana, reconocía él —marxista de siempre— que esto era un fenómeno que Marx no había previsto. [*Aplausos*] Y acotaba entonces que la vida enseña más que el más sabio de los libros y que el más profundo de los pensadores. [*Aplausos*]

Y esta Revolución Cubana, sin preocuparse por sus motes, sin averiguar qué se decía de ella, pero oteando constantemente qué quería el pueblo de Cuba de ella, fue hacia adelante. Y de pronto se encontró con que no solamente había hecho, o estaba en vías de hacer, la felicidad de su pueblo, sino que se habían volcado sobre esta isla las miradas curiosas de amigos y enemigos, las miradas esperanzadas de todo un continente, y las miradas furiosas del rey de los monopolios.

Pero todo esto no surgió de la noche a la mañana. Y permítanme ustedes que les cuente algo de mi experiencia —experiencia que puede servir a muchos pueblos en circunstancias parecidas— para que tengan una idea dinámica de cómo surgió este pensamiento revolucionario de hoy. Porque la Revolución Cubana de hoy, continuadora sí, no es la Revolución Cubana de ayer, aún después de la victoria. Y mucho menos es la insurrección cubana antes de la victoria. De aquellos jóvenes, que en número de 82 cruzaron, en un barco que hacía agua, las difíciles zonas del Golfo de México para arribar a las costas de la Sierra Maestra,[4] a estos representantes de la Cuba de hoy, hay una distancia que no se mide por años, o por lo menos no se mide por años en la forma correcta de hacerlo, con sus días de 24 horas, y sus horas de 60 minutos.

Todos los miembros del gobierno cubano —jóvenes de edad, jóvenes de carácter y de ilusiones— han, sin embargo, madurado en la extraordinaria universidad de la experiencia y en contacto vivo con el pueblo, con sus necesidades y con sus anhelos.

Todos nosotros pensamos llegar un día a algún lugar de Cuba, y tras de algunos gritos y algunas acciones heroicas, y tras de algunos muertos y algunos mítines radiales, tomar el poder y expulsar al dictador Batista. La historia nos enseñó que era mucho más difícil que eso derrotar a todo un gobierno respaldado por un ejército de asesinos, que además de ser asesinos eran socios de ese gobierno y respaldados en definitiva por la más grande fuerza colonial de toda la tierra.

---

4. Ver notas de glosario: *Granma*.

Y fue así como poco a poco cambiaron todos nuestros conceptos; como nosotros, hijos de las ciudades, aprendimos a respetar al campesino. A respetar su sentido de la independencia, a respetar su lealtad, a reconocer sus anhelos centenarios por la tierra que le había sido arrebatada y a reconocer su experiencia en los mil caminos del monte. Y cómo los campesinos aprendieron de nosotros el valor que tiene un hombre cuando en sus manos hay un fusil y cuando ese fusil está dispuesto a disparar contra otro hombre, por más fusiles que acompañen a ese otro hombre. Los campesinos nos enseñaron su sabiduría y nosotros enseñamos nuestro sentido de la rebeldía a los campesinos. Y desde ese momento hasta ahora y para siempre, los campesinos de Cuba y las fuerzas rebeldes de Cuba, y hoy el gobierno revolucionario cubano, marchan unidos como un solo hombre.

Pero siguió progresando la revolución y expulsamos de las abruptas laderas de la Sierra Maestra a las tropas de la dictadura. Y llegamos entonces a tropezarnos con otra nueva realidad cubana, que era el obrero, el trabajador, ya sea el obrero agrícola o el obrero de los centros industriales. Y aprendimos de él también, y también le enseñamos, que en un momento dado, mucho más fuerte y positivo que la más fuerte y positiva de las manifestaciones pacíficas es un tiro bien dado a quien se lo debe dar. [*Aplausos*] Aprendimos el valor de la organización, pero enseñamos de nuevo el valor de la rebeldía, y de ese resultado surgió la rebeldía organizada por todo el territorio de Cuba.

Ya había transcurrido mucho tiempo y ya muchas muertes, muchas de ellas combatidas y otras inocentes, jalonaban el camino de nuestra victoria. Las fuerzas imperialistas empezaron a ver que en lo alto de la Sierra Maestra había algo más que un grupo de bandoleros o algo más que un grupo de ambiciosos asaltantes del poder. Sus bombas, sus balas, sus aviones y sus tanques fueron dados generosamente a la dictadura, y con ellos de vanguardia pretendieron volver a subir, y por última vez, la Sierra Maestra.

A pesar del tiempo transcurrido, a pesar de que ya columnas de nuestra fuerzas rebeldes habían partido a invadir otras regiones de

Cuba y estaba formado ya el Segundo Frente Oriental "Frank País"[5] bajo las órdenes del comandante Raúl Castro [*aplausos*]; a pesar de todo eso, de nuestra fuerza en la opinión pública, de que éramos ya materia de cintillos en periódicos en sus secciones internacionales en todos los lados del mundo, la Revolución Cubana contaba con 200 fusiles —no con 200 hombres, pero sí con 200 fusiles— para detener la última ofensiva del régimen, en la cual acumuló 10 mil soldados y toda clase de instrumentos de muerte.[6] Y la historia de cada uno de esos 200 fusiles es una historia de sacrificio y de sangre, porque eran fusiles del imperialismo que la sangre y la decisión de nuestros mártires habían dignificado y convertido en fusiles del pueblo. Y así se desarrolló la última etapa de la gran ofensiva del ejército, que llamaran ellos "de cerco y aniquilamiento".

Por eso les digo yo a ustedes, juventud estudiosa de toda América, que si nosotros hoy hacemos eso que se llama marxismo, es porque lo descubrimos aquí. Porque en aquella época y después de derrotar a las tropas de la dictadura y después de hacer sufrir a esas tropas mil bajas —es decir, de hacerles cinco veces más bajas que el total de nuestras fuerzas combatientes— y después de haber ocupado más de 600 armas, cayó en nuestras manos un pequeño folleto que estaba escrito por Mao Tse-tung. [*Aplausos*] Y en ese folleto, que trataba precisamente sobre los problemas estratégicos de la guerra revolucionaria en China, se describían incluso las campañas que Chiang Kai-shek llevaba contra las fuerzas populares y que el dictador denominaba, como aquí, "campañas de cerco y aniquilamiento".

Y no solamente se habían repetido las palabras con que ambos

---

5. El Segundo Frente Oriental del Ejército Rebelde, formado en marzo de 1958, se nombró en honor a Frank País (ver notas de glosario).

6. En mayo de 1958, el régimen batistiano lanzó una ofensiva de "cerco y aniquilamiento" contra el Ejército Rebelde en la Sierra Maestra. A pesar de su enorme superioridad en cuanto al número de efectivos y la envergadura y el peso de su equipo, el ejército batistiano fue derrotado en numerosas escaramuzas. Tras una batalla decisiva en El Jigüe a mediados de julio, las tropas de la tiranía se retiraron, permitiendo que el Ejército Rebelde tomara la ofensiva por toda la isla.

dictadores, en lugares opuestos del mundo, bautizaban su campaña; se repitieron el tipo de la campaña que esos dictadores hicieron para tratar de destruir a las fuerzas populares. Y se repitió por parte de las fuerzas populares, sin conocer los manuales que ya estaban escritos sobre estrategia y táctica de la guerra de guerrillas, lo mismo que se preconizaba en el otro extremo del mundo para combatir a esa fuerza. Porque naturalmente, cuando alguien expone una experiencia, puede ser por cualquiera aprovechada. Pero también puede ser vuelta a realizar esa experiencia sin necesidad de que se conozca la experiencia anterior.

Nosotros no conocíamos las experiencias de las tropas chinas en veinte años de lucha en su territorio. Pero aquí conocíamos nuestro territorio, conocíamos nuestro enemigo y usamos algo que todo hombre tiene sobre sus hombros y que si lo sabe usar vale mucho: usamos la cabeza también para combatir al enemigo. De allí resultó su derrota.

Después siguió una historia de invasiones hacia occidente,[7] de ruptura de las vías de comunicaciones y de aplastante caída de la dictadura, cuando nadie lo esperaba. Llegó entonces el primero de enero y la revolución de nuevo —sin pensar en lo que había leído, pero oyendo lo que tenía que hacer de labios del pueblo— decidió, primero y antes que nada, castigar a los culpables y los castigó.[8]

Las potencias coloniales enseguida sacaron a primera plana la historia de eso, que ellos llamaban asesinatos, y trataron enseguida de sembrar algo que siempre pretenden sembrar los imperialistas,

---

7. A fines de 1958, Che Guevara y Camilo Cienfuegos encabezaron sendas columnas del Ejército Rebelde desde la Sierra Maestra hasta la provincia de Las Villas en la región central de Cuba. En una serie de batallas, las fuerzas batistianas fueron expulsadas de las principales ciudades de la provincia, culminando con la toma de Santa Clara por la columna de Che el primero de enero de 1959 al tiempo que Batista huyó del país.

8. En las primeras semanas luego del triunfo de la revolución, se ejecutaron a varios centenares de los torturadores y asesinos más infames del régimen batistiano. Esta medida contó con el apoyo abrumador del pueblo cubano.

la división. Porque "aquí había asesinos comunistas que mataban; sin embargo, había un patriota ingenuo llamado Fidel Castro que no tenía nada que ver y que podía ser salvado". [*Aplausos*] Trataban de dividir a los hombres que habían luchado por una misma causa, con pretextos y con argumentos baladíes, y siguieron manteniendo durante cierto tiempo esa esperanza.

Pero un día se encontraron con que la Ley de Reforma Agraria aprobada era mucho más violenta y mucho más profunda que lo que habían aconsejado los sesudos autoconsejeros del gobierno. Todos ellos, entre paréntesis, están hoy en Miami o en alguna otra ciudad de Estados Unidos.[9] Pepín Rivero en el *Diario de la Marina* o Medrano en *Prensa Libre* [*gritos y chiflidos*] . . . o había más, había incluso un primer ministro de nuestro gobierno, que aconsejaba mucha moderación porque "estas cosas hay que tratarlas con moderación".[10]

La "moderación" es otra de las palabras que les gusta usar a los agentes de la colonia. Son moderados todos los que tienen miedo o todos los que piensan traicionar en alguna forma. [*Aplausos*] El pueblo no es de ninguna manera moderado.

Ellos aconsejaban repartir marabú —que es un arbusto que crece en nuestros campos— y que los campesinos con sus machetes tumbaran ese marabú o se aposentaran en alguna ciénaga o agarraran algún pedazo de tierra del estado que todavía hubiera escapado a la voracidad de los latifundistas. Pero tocar la tierra de los latifundistas era un pecado que estaba por encima de lo que ellos

---

9. Ver notas de glosario: Reforma Agraria, Ley de.

10. José Miró Cardona. El primer gobierno que asumió el poder en enero de 1959 incluía tanto las fuerzas revolucionarias encabezadas por el Movimiento 26 de Julio como figuras de la oposición burguesa. Entre estas últimas se encontraban el nuevo primer ministro, José Miró Cardona, sustituido en este cargo por Fidel Castro en febrero de 1959; y Manuel Urrutia, que fue presidente de enero a julio de 1959, cuando renunció ante las crecientes presiones populares y fue reemplazado por Osvaldo Dorticós, del Movimiento 26 de Julio. A partir del primero de enero de 1959, el Ejército Rebelde, con Fidel Castro como comandante en jefe, constituyó la única e indiscutida fuerza armada en Cuba, una fuerza con cada vez más apoyo popular.

podían pensar que fuera posible. Pero fue posible.

Yo recuerdo en aquella época una conversación con un señor que me decía que estaba libre de todo problema con el gobierno revolucionario, porque no tenía nada más que 900 caballerías. Novecientas caballerías son más de diez mil hectáreas.[11]

Y por supuesto que ese señor tuvo problemas con el gobierno revolucionario, y se le quitaron las tierras, y se repartieron además, y se dio en propiedad la tierra al pequeño campesino individual. Y además se crearon las cooperativas en las tierras en que ya se estaba acostumbrando el obrero agrícola, el trabajador agrícola, a trabajar en comunidad por un salario.

De aquí asienta una de las peculiaridades que es necesario estudiar en la Revolución Cubana, el que esta revolución hizo su reforma agraria por primera vez en América atacando unas relaciones sociales de propiedad, que no eran feudales. Había, sí, resabios feudales en el tabaco o en el café, y eso, el tabaco o el café, se dio a los pequeños trabajadores individuales que hacía tiempo que estaban en ese pedazo de tierra y que querían su tierra. Pero la caña, o el arroz o incluso el ganado, en la forma en que es explotado en Cuba, está ocupado en su conjunto y trabajado en su conjunto por obreros que tienen la propiedad conjunta de todas esas tierras, que no son poseedores de una partícula de tierra, sino de todo ese gran conjunto llamado cooperativa. Y eso nos ha permitido ir muy rápido y muy profundo en nuestra reforma agraria. Porque es algo que debe caer en cada uno de ustedes y colocarlo como una verdad que no se puede desmentir de ninguna manera, que no hay gobierno que pueda llamarse revolucionario, aquí en América, si no hace como primera medida una reforma agraria. [*Aplausos*]

Pero además no puede llamarse revolucionario el gobierno que diga que va a hacer o que haga una reforma agraria tibia. Revolucionario es el gobierno que hace una reforma agraria cambiando el

---

11. Una hectárea equivale a 2.47 acres; en Cuba, una caballería es igual a 33 acres ó 13.4 hectáreas.

régimen de propiedad de la tierra: no solamente dándole al campesino la tierra que sobra, sino y principalmente dándole al campesino la que no sobra, la que está en poder de los latifundistas que es la
mejor, que es la que rinde más, y es además la que le robaron al
campesino en épocas pasadas. [*Aplausos*]

Eso es reforma agraria y con eso deben de empezar todos los
gobiernos revolucionarios. Y sobre la reforma agraria vendrá la gran
batalla de la industrialización del país que es mucho menos simple,
que es muy complicada, donde hay que luchar con fenómenos muy
grandes y donde se naufragaría muy fácil en épocas pasadas, si no
existieran hoy en la Tierra fuerzas muy grandes que son amigas de
estas pequeñas naciones. [*aplausos*]

Porque hay que anotarlo aquí, para todos —para los que lo son,
para los que no lo son y para los que lo odian— que países como
Cuba en este momento, países revolucionarios y nada moderados,
no pueden plantearse frente a la pregunta de si la Unión Soviética o
la China Popular es amiga nuestra, no pueden responder en una
forma tibia. Tienen que responder con toda la fuerza que la Unión
Soviética, China y todos los países socialistas y aún muchos otros
países coloniales o semicoloniales que se han liberado son nuestros
amigos, [*aplausos*] y que en esa amistad, en la amistad con esos
gobiernos de todo el mundo, es que se puede basar las realizaciones
de una revolución americana. Porque si a nosotros se nos hubiera
hecho la agresión que se nos hizo con el azúcar y el petróleo y no
existiera la Unión Soviética que nos diera petróleo y nos comprara
azúcar, se necesitaría toda la fuerza, toda la fe y toda la devoción de
este pueblo, que es enorme, para poder aguantar el golpe que eso
significaría.[12] Y las fuerzas de la desunión trabajarían después, am-
paradas en el efecto que causaría en el nivel de vida de todo el pueblo cubano, las medidas que tomó la "democracia norteamericana" contra esta "amenaza al mundo libre" [*aplausos*] porque ellos

---

12. Después que el gobierno norteamericano decidió cesar virtualmente la importación de azúcar de Cuba el 3 de julio, la Unión Soviética anunció que compra-
ría todo el azúcar que Washington rehusara comprar.

nos agredieron desembozadamente.

Y aquí hay gobernantes de América, que todavía nos aconsejan a nosotros que lamamos la mano de quien nos quiere pegar y escupamos a quien nos quiere defender. [*Aplausos*] Y nosotros le contestamos a esos gobernantes de esos países que preconizan la humillación en pleno siglo XX que, en primer lugar, Cuba no se humilla ante nadie y que, en segundo lugar, Cuba conoce —porque ha conocido por experiencia propia— y sus gobernantes lo conocen, muy bien que lo conocen, conocen las debilidades y las lacras del gobierno que aconseja esa medida. Pero, sin embargo, Cuba no se ha dignado, ni se ha permitido, ni lo creyó permisible hasta este momento, aconsejar a los gobernantes de ese país que fusilaran a toda su oficialidad traidora, que nacionalizaran todas las empresas monopolistas que tienen. [*Aplausos*]

El pueblo de Cuba fusiló a sus asesinos y disolvió el ejército de la dictadura. Pero no ha ido a decirle a ningún gobierno de América que fusile a los asesinos del pueblo o liquide el sostén de la dictadura. Sin embargo, Cuba sabe bien que hay asesinos en cada uno de los pueblos; y si no, lo pueden decir incluso los cubanos miembros de nuestro propio movimiento, asesinados en un país amigo, por esbirros que quedan de la anterior dictadura.[13] [*Aplausos y gritos de: "¡Paredón!"*]

Nosotros no pedimos paredón tampoco para el asesino de nuestros militantes, aunque sí le hubiéramos dado paredón en este país. [*Aplausos*] Lo que queremos, simplemente, es que ya que no se puede ser solidario en América, no se sea, al menos, traidor a América. Que no se repita más en América que nosotros nos debemos a una alianza continental con nuestro gran esclavizador, porque esa es la mentira más cobarde y más denigrante que pueda proferir un go-

---

13. Andrés Coba, coordinador del Movimiento 26 de Julio en Venezuela —que organizaba actividades de solidaridad con la Revolución Cubana— fue abaleado el 27 de julio de 1960 en Caracas. Se cree que los atacantes eran agentes de la policía política venezolana. Coba murió la mañana misma del día que Che Guevara dio el discurso.

bernante en América. [*Aplausos y gritos de: "¡Cuba sí, yanquis no!"*]

Nosotros, los miembros de la Revolución Cubana, que somos el pueblo entero de Cuba, llamamos amigo a nuestros amigos y enemigo a nuestros enemigos. Y no admitimos términos medios: o se es amigo, o se es enemigo. [*Aplausos*] Nosotros, pueblo de Cuba, no le indicamos a ningún pueblo de la Tierra lo que tiene que hacer con el Fondo Monetario Internacional, por ejemplo. Pero no admitimos que nos vengan a dar consejos. Sabemos lo que hay que hacer si lo quieren hacer bien; si no lo quieren hacer, allá ellos. Pero nosotros no admitimos consejos. Porque estuvimos aquí solos hasta el último momento, esperando de pie la agresión directa del más fuerte poder que hay en el mundo capitalista, y no pedimos ayuda a nadie. Y estábamos dispuestos aquí, nosotros con nuestro pueblo, a aguantar hasta las últimas consecuencias de nuestra rebeldía.

Por eso podemos hablar con nuestra frente en alto y con nuestra voz muy clara en todos los congresos y en todos los consejos donde se reúnan nuestros hermanos del mundo. Cuando la Revolución Cubana habla, podrá estar equivocada, pero nunca dice una mentira. La Revolución Cubana expresa, en cada tribuna en que tiene que hablar, la verdad de los hijos de su tierra, y la expresa siempre de cara a los amigos o a los enemigos. Nunca se esconde para lanzar una piedra y nunca da consejos que llevan un puñal adentro pero que están forrados con terciopelo.

A nosotros se nos ataca. Se nos ataca mucho por lo que somos. Pero se nos ataca muchísimo más porque mostramos a cada uno de los pueblos de América lo que se puede ser. Y le importa mucho más al imperialismo que las minas de níquel o que los centrales de azúcar de Cuba, el petróleo de Venezuela, o el algodón de México, o el cobre de Chile, o las vacas de Argentina, o la yerba de Paraguay, o el café de Brasil; y le importa el total de esas materias primas que nutren los monopolios.

Por eso, cada vez que puedan nos ponen una piedra en el camino. Y cuando las piedras que nos ponen, no pueden ponerlas ellos, hay, desgraciadamente, en América, quienes se prestan a poner esas piedras. [*Gritos*] No importa los nombres, porque incluso nadie es culpable. Porque nosotros no podemos decir aquí que el presidente [venezolano] Betancourt sea el culpable de la muerte de nuestro compatriota y de nuestro correligionario. No es culpable el presidente Betancourt; el presidente Betancourt es simplemente un prisionero de un régimen que se dice democrático. [*Gritos y aplausos*] Ese régimen democrático, ese régimen que pudo ser otro ejemplo de América, cometió, sin embargo, la gran pifia de no usar el paredón a tiempo. Y hoy el gobierno democrático de Venezuela es prisionero de los esbirros que conoció Venezuela hasta hace poco, que conoció Cuba y que conoce la mayor parte de América.

Nosotros no podemos echarle en cara al presidente Betancourt una muerte. Nosotros solamente podemos decir aquí, amparados en nuestra historia de revolucionarios y en nuestra fe de revolucionarios, que el día en que el presidente Betancourt, elegido por su pueblo, se sienta tan prisionero que no pueda seguir adelante y decida pedir ayuda a algún pueblo hermano, aquí está Cuba para mostrarle a Venezuela alguna de sus experiencias en el campo revolucionario. [*Aplausos*]

Que sepa el presidente Betancourt que no fue —de ninguna manera pudo ser— nuestro representante diplomático el que inició todo ese lío que se tradujo en una muerte. Fueron ellos: en último extremo, los norteamericanos o el gobierno norteamericano; un poquito más aquí, los batistianos. Otro poco más aquí, todos aquellos que eran la reserva del gobierno norteamericano en este país, y que se vestían de antibatistianos, pero querían derrotar a Batista y mantener el sistema: los [José] Miró, los [Miguel Angel] Quevedo, los [Pedro Luis] Díaz Lanz, los Huber Matos. [*Gritos*] Y visiblemente, las fuerzas de la reacción que operan en Venezuela. Porque es muy triste decirlo, pero el gobernante venezolano está a merced de que su propia tropa lo asesine, como ocurrió hace poco con un automóvil cargado de dinamita.[14] El presidente venezolano, en este momento, es prisionero de sus fuerzas de represión.

---

14 El 24 de junio de 1960 se realizó un atentado contra el presidente venezolano

Y duele. Duele porque de Venezuela llegó la más fuerte y la más solidaria de las ayudas al pueblo cubano cuando estábamos nosotros en la Sierra Maestra. Duele porque logró sacarse, por lo menos, a lo más odioso del sistema opresivo, representado por Pérez Jiménez, mucho antes que nosotros.

Y duele porque recibió a nuestra delegación, cuando llegó allí —en primer lugar, Fidel Castro, y luego nuestro presidente Dorticós [*aplausos*]— con las más grandes demostraciones de cariño y de afecto.

Un pueblo que ha alcanzado la alta conciencia política y la alta fe combatiente del pueblo venezolano no estará mucho tiempo prisionero de algunas bayonetas o de algunas balas. Porque las balas y las bayonetas pueden cambiar de manos, y pueden resultar muertos los asesinos.

Pero no es mi misión aquí enumerar los gobiernos de América, enumerar, en estos últimos días, las puñaladas traperas que nos han dado y echar leña al fuego de la rebelión. No es esa mi tarea porque, en primer lugar, Cuba todavía no está exenta de peligro, y todavía hoy es el centro único de las miradas de los imperialistas en esta parte del mundo. Y necesita de la solidaridad de todos ustedes, de la solidaridad de los de Acción Democrática en Venezuela, igual que los de URD [Unión Republicana Democrática], o de los comunistas, o del COPEI [Comité de Organización Política Electoral Independiente], o de cualquier partido; de la solidaridad de todo el pueblo de México, de la solidaridad de todo el pueblo de Colombia, de Brasil y de cada uno de los pueblos de América.

Porque sí es cierto que los colonialistas se asustaron. Ellos también le tienen miedo a los cohetes, y también le tienen miedo a las bombas como todo el mundo. [*Aplausos*] Y vieron hoy, por primera vez en su historia, que podían caer sobre sus mujeres y sus hijos, sobre todo lo que habían construido con tanto amor, como cual-

---

Rómulo Betancourt cuando, al pasar su vehículo al lado de un auto cargado de dinamita, éste detonó. El presidente resultó ileso.

quiera quiere a su riqueza, las bombas destructoras. Empezaron a sacar cálculos; hicieron funcionar sus máquinas electrónicas de calcular, y vieron que no era bueno ese sistema.

Pero eso no quiere decir que hayan renunciado, de ninguna manera, a suprimir la democracia cubana. Están de nuevo sacando laboriosos cálculos en sus máquinas multiplicadoras, para saber cuál es el mejor de los otros métodos alternos que tienen para agredir a la Revolución Cubana. Porque tienen el método Ydígoras y el método Nicaragua, y el método Haití; ya no el método Santo Domingo por ahora. Pero tienen también el de los mercenarios que están en la Florida, tienen el método OEA [Organización de Estados Americanos], tienen muchos métodos.[15] Y tienen fuerza, tienen fuerza para ir perfeccionando esos métodos.

El presidente Arbenz . . . [*aplausos*] conoció, él y su pueblo, que tienen muchos métodos y mucha fuerza. Desgraciadamente para Guatemala, el presidente Arbenz tenía un ejército a la antigua usanza, y no había conocido enteramente de la solidaridad de los pueblos y de su capacidad de hacer retroceder cualquier agresión.

Esa es una de nuestras grandes fuerzas: las fuerzas que se muevan en todo el mundo —y que olviden todas las banderías particulares de las luchas políticas nacionales— para defender, en un momento dado, a la Revolución Cubana. Y me permitiría decirlo, que es un deber de la juventud de América. Porque esto que hay aquí es algo nuevo, y es algo digno de estudio. No quiero decirles yo lo que tiene de bueno; ustedes podrán constatar lo que tiene de bueno.

Que tiene mucho de malo, lo sé. Que hay mucha desorganización aquí, yo lo sé. Todos ustedes ya lo sabrán, quizás, si han ido a la

---

15. El general Miguel Ydígoras fue el hombre fuerte del ejército de Guatemala de 1958 a 1963. La dictadura de la familia Somoza en Nicaragua duró desde 1933 hasta 1979. François (Papa Doc) Duvalier gobernó en Haití de 1957 a 1971, cuando lo sucedió en el poder su hijo Jean-Claude (Baby Doc) Duvalier, quien encabezó el gobierno hasta que fue derrocado en 1986. Rafael Leónidas Trujillo fue dictador de República Dominicana a partir de 1930. Cuando Che Guevara dio este discurso, Trujillo ya había perdido el favor de Washington; fue asesinado en 1961.

Sierra. Que hay guerrillerismo todavía, yo lo sé. Que aquí faltan técnicos en cantidades fabulosas de acuerdo con nuestras pretensiones, yo lo sé. Que todavía nuestro ejército no ha alcanzado el grado de madurez necesario, ni los milicianos han alcanzado la suficiente coordinación para constituirse en un ejército, yo lo sé.

Pero lo que yo sé —y quisiera que todos ustedes supieran— es que esta revolución se hizo siempre contando con la voluntad de todo el pueblo de Cuba. Y que cada campesino y cada obrero, si maneja mal el fusil, está trabajando todos los días para manejarlo mejor, para defender su revolución. Y si no puede en este momento entender el complicado mecanismo de una máquina, cuyo técnico se fue ya a los Estados Unidos, lo estudia todos los días para aprenderlo, para que su fábrica ande mejor. Y el campesino estudiará su tractor, para resolver los problemas mecánicos que tenga, para que los campos de su cooperativa rindan más.

Y todos los cubanos, de las ciudades y del campo, hermanos en un solo sentimiento, van siempre hacia el futuro, pensando con una unidad absoluta, dirigidos por un líder en el que tienen la más absoluta confianza, porque ha demostrado en mil batallas, [*Aplausos*] y en mil ocasiones diferentes, su capacidad de sacrificio y la potencia y la clarividencia de su pensamiento.

Y ese pueblo que hoy está ante ustedes les dice que, aún cuando debiera desaparecer de la faz de la Tierra porque se desatara a causa de él una contienda atómica y fuera su primer blanco; aún cuando desapareciera totalmente esta isla y sus habitantes, se consideraría completamente feliz y completamente logrado, si cada uno de ustedes al llegar a sus tierras es capaz de decir:

"Aquí estamos. La palabra nos viene húmeda de los bosques cubanos. Hemos subido a la Sierra Maestra y hemos conocido a la aurora, y tenemos nuestra mente y nuestras manos llenas de la semilla de la aurora. Y estamos dispuestos a sembrarla en esta tierra y a defenderla para que fructifique".

Y de todos los otros hermanos países de América, y de nuestra tierra —si todavía persistiera como ejemplo— les contestará la voz de los pueblos, desde ese momento y para siempre: "¡Así sea: que la libertad sea conquistada en cada rincón de América!" [*Ovación*]

Para ser un médico revolucionario, primero hay que hacer revolución

A estudiantes de medicina y trabajadores de la salud
19 de agosto de 1960

El discurso de Che Guevara que aparece a continuación inauguró un ciclo de charlas y debates organizados por el Ministerio de Salud Pública de Cuba. El encuentro lo inauguró José Ramón Machado, titular del ministerio y, al igual que Guevara, médico y combatiente del Ejército Rebelde cuyo liderazgo y valentía le habían hecho merecedor del grado de comandante. Celebrada en el salón de actos de la Confederación de Trabajadores de Cuba, la reunión contó con la presencia de varios centenares de estudiantes de medicina y trabajadores de la salud, entre ellos milicianos de dicho ministerio. También participaron representantes de todo el continente que se encontraban en La Habana con motivo de la duodécima reunión de la Organización Panamericana de la Salud, que se celebró del 14 al 26 de agosto.

Luego del decreto del 6 de agosto bajo el cual se expropió la propiedad de grandes empresas norteamericanas en Cuba, Washington y sus regímenes dependientes en Latinoamérica aumentaron la presión política y diplomática, a la vez que aceleraron sus preparativos militares, con la esperanza de frenar el proceso revolucionario y sofocar el ejemplo cubano. Los cancilleres de la Organización de Estados Americanos se reunieron en Costa Rica del 16 al 28 de agosto. En medio de manifestaciones de solidaridad con la Revolución Cubana por parte de trabajadores y jóvenes en las calles de la capital costarricense, la reunión de ministros emitió la Declaración de San José, en la que denunciaron a Cuba por haber aceptado ayuda de la Unión Soviética y China. Los trabajadores cubanos y su gobierno revolucionario respondieron a este ataque a su soberanía nacional en un acto público de más de un millón de personas celebrado el 2 de septiembre en la Plaza de la Revolución, donde la Primera Declaración de La Habana fue aprobada por aclamación.

Presidencia de la reunión de estudiantes de medicina en La Habana, 19 de agosto de 1960. De derecha a izquierda, en primer plano, los médicos y comandantes del Ejército Rebelde Oscar Fernández Mell, Che Guevara, y el ministro de salud pública José Ramón Machado Ventura. A la extrema izquierda está el poeta cubano Nicolás Guillén.

"La tarea de educar y alimentar a los niños, de educar al ejército, de repartir las tierras de sus antiguos amos absentistas, hacia quienes sudaban todos los días sobre esa misma tierra sin recoger su fruto, es la más grande obra de medicina social que se ha hecho en Cuba".

Condenando "la explotación del hombre por el hombre, y la explotación de los países subdesarrollados por el capital financiero imperialista", la declaración proclamó "el derecho de los campesinos a la tierra; el derecho del obrero al fruto de su trabajo; el derecho de los niños a la educación; . . . el derecho de los estados a la nacionalización de los monopolios imperialistas, rescatando así las riquezas y recursos nacionales; el derecho de los países al comercio libre con todos los pueblos del mundo; el derecho de las naciones a su plena soberanía; el derecho de los pueblos a convertir sus fortalezas militares en escuelas, y a armar a sus obreros, a sus campesinos, a sus estudiantes, a sus intelectuales, al negro, al indio, a la mujer, al joven, al anciano, a todos los oprimidos y explotados, para que defiendan, por sí mismos, sus derechos y sus destinos".

Cuando se realizó este ciclo de conferencias, la prioridad del Ministerio de Salud Pública era crear una red de hospitales y clínicas rurales, extender la atención médica a todos los campesinos, carentes en su mayoría de servicios regulares; antes de la revolución había un solo hospital rural en todo el país. Entre otras medidas posteriores, se nacionalizaron las empresas farmacéuticas y se aumentó notablemente el número de estudiantes que se preparaban para médicos, enfermeras y técnicos de la salud. Se fue introduciendo progresivamente un sistema de atención médica gratuita, que en 1963 ya abarcó al país entero.

*

Compañeros:

Este acto sencillo, uno más entre los centenares de actos con que el pueblo cubano festeja día a día su libertad y el avance de todas sus leyes revolucionarias, el avance por el camino de la independencia total, es, sin embargo, interesante para mí.

Casi todo el mundo sabe que inicié mi carrera como médico, hace ya algunos años. Y cuando me inicié como médico, cuando empecé a estudiar medicina, la mayoría de los conceptos que hoy tengo como revolucionario estaban ausentes en el almacén de mis ideales.

Quería triunfar, como quiere triunfar todo el mundo. Soñaba con ser un investigador famoso. Soñaba con trabajar infatigablemente para conseguir algo que podía estar, en definitiva, puesto a disposición de la humanidad, pero que en aquel momento era un triunfo personal. Era, como todos somos, un hijo del medio.

Después de recibido, por circunstancias especiales y quizás también por mi carácter, empecé a viajar por América y la conocí entera. Salvo Haití y Santo Domingo, todos los demás países de América han sido, en alguna manera, visitados por mí. Y por las condiciones en que viajé, primero como estudiante y después como médico, empecé a entrar en estrecho contacto con la miseria, con el hambre, con las enfermedades, con la incapacidad de curar a un hijo por la falta de medios, con el embrutecimiento que provoca el hambre y el castigo continuo, hasta hacer que para un padre perder un hijo sea un accidente sin importancia, como sucede muchas veces en las clases golpeadas de nuestra patria americana. Y empecé a ver que había cosas que en aquel momento me parecieron casi tan importantes como ser un investigador famoso o como hacer algún aporte sustancial a la ciencia médica: y era ayudar a esa gente.

Pero yo seguía siendo, como siempre lo seguimos siendo todos, hijo del medio, y quería ayudar a esa gente con mi esfuerzo personal. Ya había viajado mucho —estaba en aquellos momentos en Guatemala, la Guatemala de Arbenz— y había empezado a hacer unas notas para normar la conducta del médico revolucionario. Empezaba a investigar qué cosa era lo que necesitaba para ser un médico revolucionario.

Sin embargo, vino la agresión, la agresión que desatara la United Fruit, el Departamento de Estado, [John] Foster Dulles —en realidad es lo mismo— y el títere que habían puesto, que se llamaba Castillo Armas —¡se llamaba!—.[1] La agresión tuvo éxito, dado que

---

1. En la concentración de masas, celebrada dos semanas antes, donde el primer ministro cubano Fidel Castro leyó el decreto que nacionalizó las propiedades de empresas norteamericanas en Cuba, la multitud respondió, ante el nombre de cada empresa, con gritos de "¡Se llamaba!" La frase se convirtió en una consigna popular de la revolución. Castillo Armas fue asesinado en 1957.

aquel pueblo todavía no había alcanzado el grado de madurez que tiene hoy el pueblo cubano. Y un buen día, como tantos, tomé el camino del exilio, o por lo menos tomé el camino de la fuga de Guatemala, ya que no era esa mi patria.

Entonces me di cuenta de una cosa fundamental: para ser médico revolucionario, o para ser revolucionario, lo primero que hay que tener es revolución. De nada sirve el esfuerzo aislado, el esfuerzo individual, la pureza de ideales, el afán de sacrificar toda una vida —una vida al más noble de los ideales— si ese esfuerzo se hace solo, solitario en algún rincón de América, luchando contra los gobiernos adversos y las condiciones sociales que no permiten avanzar. Para ser revolución se necesita esto que hay en Cuba: que todo un pueblo se movilice y que aprenda, con el uso de las armas y el ejercicio de la unidad combatiente, lo que vale un arma y lo que vale la unidad del pueblo.

Y entonces ya estamos situados, sí, en el núcleo del problema que hoy tenemos por delante. Ya entonces tenemos el derecho y hasta el deber de ser, por sobre todas las cosas, un médico revolucionario, es decir, un hombre que utiliza los conocimientos técnicos de su profesión al servicio de la revolución y del pueblo. Y entonces se vuelven a plantear las interrogantes anteriores. ¿Cómo hacer efectivamente un trabajo de bienestar social, cómo hacer para compaginar el esfuerzo individual con las necesidades de la sociedad?

Y hay que hacer nuevamente un recuento de la vida de cada uno de nosotros, de lo que se hizo y se pensó, como médico o en cualquier otra función de la salud pública, antes de la revolución. Y hacerlo con profundo afán crítico, para llegar entonces a la conclusión de que casi todo lo que pensábamos y sentíamos en aquella época ya pasada debe archivarse, y debe crearse un nuevo tipo humano. Y si cada uno es el arquitecto propio de ese nuevo tipo humano, mucho más fácil será para todos el crearlo y el que sea el exponente de la nueva Cuba.

Es bueno que a ustedes los presentes, los habitantes de La Habana, se recalque esta idea: la de que en Cuba se está creando un nuevo tipo humano, que no se puede apreciar exactamente en la capital, pero que se ve en cada rincón del país. Los que de ustedes hayan ido el 26 de julio a la Sierra Maestra habrán visto dos cosas absolutamente desconocidas: un ejército con el pico y la pala, un ejército que tiene por orgullo máximo desfilar en las fiestas patrióticas, en la provincia de Oriente, con su pico y su pala en ristre, mientras los compañeros milicianos desfilan con sus fusiles. [*Aplausos*] Pero habrán visto también algo aún más importante: habrán visto unos niños cuya constitución física haría pensar que tienen 8 ó 9 años y que, sin embargo, casi todos ellos cuentan con 13 ó 14 años. Son los más auténticos hijos de la Sierra Maestra, los más auténticos hijos del hambre y de la miseria en todas sus formas. Son las criaturas de la desnutrición.

En esta pequeña Cuba de cuatro o cinco canales de televisión, de centenares de canales de radio, con todos los adelantos de la ciencia moderna, cuando esos niños llegaron de noche por primera vez a la escuela y vieron los focos de la luz eléctrica, exclamaron que las estrellas estaban muy bajas esa noche. Y esos niños, que algunos de ustedes habrán visto, están aprendiendo en las escuelas colectivas, desde las primeras letras hasta un oficio, hasta la dificilísima ciencia de ser revolucionarios.

Esos son los nuevos tipos humanos que están naciendo en Cuba. Están naciendo en un lugar aislado, en puntos distantes en la Sierra Maestra, y también en las cooperativas y en los centros de trabajo.

Y todo eso tiene mucho que ver con el tema de nuestra charla de hoy: con la integración del médico, o de cualquier otro trabajador de la medicina, dentro del movimiento revolucionario. Porque esa tarea, la tarea de educar y alimentar a los niños, la tarea de educar al ejército, la tarea de repartir las tierras de sus antiguos amos absentistas, hacia quienes sudaban todos los días sobre esa misma tierra sin recoger su fruto, es la más grande obra de medicina social que se ha hecho en Cuba.

El principio en que debe basarse el atacar las enfermedades es crear un cuerpo robusto. Pero no crear un cuerpo robusto con el trabajo artístico de un médico sobre un organismo débil, sino crear un cuerpo robusto con el trabajo de toda la colectividad, sobre toda esa colectividad social.

Y la medicina tendrá que convertirse un día, entonces, en una ciencia que sirva para prevenir las enfermedades, que sirva para orientar a todo el público hacia sus deberes médicos, y que solamente deba intervenir en casos de extrema urgencia, para realizar alguna intervención quirúrgica o algo que escape a las características de esa nueva sociedad que estamos creando.

El trabajo que está encomendado hoy al Ministerio de Salubridad, a todos los organismos de ese tipo, es el organizar la salud pública de tal manera que sirva para dar asistencia al mayor número posible de personas, y sirva para prevenir todo lo previsible en cuanto a enfermedades, y para orientar al pueblo. Pero para esta tarea de organización, como para todas las tareas revolucionarias, se necesita, fundamentalmente, el individuo. La revolución no es, como pretenden algunos, una estandarizadora de la voluntad colectiva, de la iniciativa colectiva, sino todo lo contrario. Es una liberadora de la capacidad individual del hombre.

Lo que sí es la revolución, es al mismo tiempo orientadora de esa capacidad. Y nuestra tarea de hoy es orientar la capacidad creadora de todos los profesionales de la medicina hacia las tareas de la medicina social.

Estamos en el final de una era, y no aquí en Cuba. Por más que se diga lo contrario y que algunos esperanzados lo piensen, las formas del capitalismo que hemos conocido, y en las cuales nos hemos creado y bajo las cuales hemos sufrido, están siendo derrotadas en todo el mundo. [*Aplausos*]

Los monopolios están en derrota. La ciencia colectiva se anota, día a día, nuevos y más importantes triunfos. Y nosotros hemos tenido en América el orgullo y el sacrificado deber de ser la vanguardia de un movimiento de liberación que se ha iniciado hace tiempo, en los otros continentes sometidos del África y del Asia. Y ese cambio social tan profundo demanda también cambios muy profundos en la contextura mental de las gentes.

El individualismo como tal, como acción única de una persona colocada sola en un medio social, debe desaparecer en Cuba. El individualismo debe ser, en el día de mañana, el aprovechamiento cabal de todo el individuo, en beneficio absoluto de una colectividad. Pero aun cuando esto se entienda hoy, aun cuando se comprendan estas cosas que estoy diciendo, y aun cuando todo el mundo esté dispuesto a pensar un poco en el presente, en el pasado y en lo que debe ser el futuro, para cambiar de manera de pensar hay que sufrir profundos cambios interiores y asistir a profundos cambios exteriores, sobre todo, sociales.

Y esos cambios exteriores se están dando en Cuba todos los días. Una forma de aprender a conocer esta revolución, de aprender a conocer las fuerzas que tiene el pueblo guardadas en sí, que tanto tiempo han estado dormidas, es visitar toda Cuba, visitar las cooperativas y todos los centros de trabajo que se están creando. Y una forma de llegar hasta la parte medular de la cuestión médica es no sólo conocer, no sólo visitar a las gentes que forman esas cooperativas y esos centros de trabajo. Averiguar allí cuáles son las enfermedades que tienen, cuáles son todos sus padecimientos, cuáles han sido sus miserias durante años, y hereditariamente durante siglos de represión y de sumisión total.

El médico, el trabajador médico, debe ir entonces al centro de su nuevo trabajo, que es el hombre dentro de la masa, el hombre dentro de la colectividad.

Siempre, pase lo que pase en el mundo, el médico —por estar tan cerca del paciente, por conocer tanto de lo más profundo de su siquis, por ser la representación de quien se acerca al dolor y lo mitiga— tiene una labor muy importante, de mucha responsabilidad en el trato social.

Hace un tiempo, pocos meses, sucedió aquí en La Habana que un grupo de estudiantes ya recibidos, de médicos recién recibidos, no querían ir al campo y exigían ciertas retribuciones para ir. Y desde el punto de vista del pasado es lo más lógico que así ocurra; por lo menos me parece a mí, que lo entiendo perfectamente. Simplemente me parece estar frente al recuerdo de lo que era y de lo que pensaba hace unos cuantos años. Es otra vez el gladiador que se rebela, el luchador solitario que quiere asegurar un mejor porvenir, unas mejores condiciones, y hace valer entonces la necesidad que se tiene de él.

¿Pero qué ocurriría si en vez de ser estos nuevos muchachos, cuyas familias pudieron pagarles en su mayoría unos cuantos años de estudio, los que acabaran sus carreras iniciaran ahora el ejercicio de su profesión? ¿Qué sucedería si en vez de ellos fueran 200 ó 300 campesinos los que hubieran surgido, digamos por arte de magia, de las aulas universitarias?

Hubiera sucedido simplemente que esos campesinos hubieran corrido inmediatamente, y con todo entusiasmo, a socorrer a sus hermanos; que hubieran pedido los puestos de más responsabilidad y de más trabajo, para demostrar así que los años de estudio que se les dio no fueron dados en vano. Hubiera sucedido lo que sucederá dentro de seis o siete años, cuando los nuevos estudiantes, hijos de la clase obrera y de la clase campesina, reciban sus títulos de profesionales de cualquier tipo. [*Aplausos*]

Pero no debemos mirar con fatalismo el futuro y dividir al hombre en hijos de la clase obrera o campesina y contrarrevolucionarios. Porque es simplista y porque no es cierto, y porque no hay nada que eduque más a un hombre honrado que el vivir dentro de una revolución. [*Aplausos*]

Porque ninguno de nosotros, ninguno del grupo primero que llegó en el *Granma*, que se asentó en la Sierra Maestra y que aprendió a respetar al campesino y al obrero conviviendo con él, tuvo un pasado de obrero o de campesino. Naturalmente que hubo quien tenía que trabajar, que había conocido ciertas necesidades en su infancia. Pero al hambre —eso que se llama hambre de verdad— eso no lo había conocido ninguno de nosotros, y empezó a conocerlo, transitoriamente, durante los dos largos años de la Sierra Maestra. Y entonces muchas cosas se hicieron muy claras.

Nosotros, que al principio castigábamos duramente a quien tocaba aunque fuera un juego de algún campesino rico, o incluso de algún terrateniente, llevamos un día diez mil reses a la Sierra y les dijimos a los campesinos simplemente: "Come". Y los campesinos, por primera vez en años y años, y algunos por primera vez en su vida, comieron carne de res.

Y el respeto que teníamos por la sacrosanta propiedad de esas diez mil reses se perdió en el curso de la lucha armada. Y comprendimos perfectamente que vale, pero millones de veces más, la vida de un solo ser humano que todas las propiedades del hombre más rico de la tierra. [*Aplausos*] Y lo aprendimos nosotros, lo aprendimos nosotros allí, nosotros que no éramos hijos de la clase obrera ni de la clase campesina. ¿Y por qué nosotros vamos a decir ahora a los cuatro vientos que éramos los privilegiados, y que el resto de las personas en Cuba no pueden aprenderlo también? Sí pueden aprenderlo. Pero además, la revolución hoy exige que se aprenda, exige que se comprenda bien que mucho más importante que una retribución buena es el orgullo de servir al prójimo, que mucho más definitivo, mucho más perenne que todo el oro que se puede acumular es la gratitud de un pueblo. [*Aplausos*] Y cada médico, en el círculo de su acción, puede y debe acumular ese preciado tesoro, que es la gratitud del pueblo.

Debemos entonces empezar a borrar nuestros viejos conceptos y empezar a acercarnos cada vez más, y cada vez más críticamente, al pueblo. No como nos acercábamos antes, porque todos ustedes dirán: "No. Yo soy amigo del pueblo. A mí me gusta mucho conversar con los obreros y los campesinos, y voy los domingos a tal lado a ver tal cosa." Todo el mundo lo ha hecho. Pero lo ha hecho practicando la caridad, y lo que nosotros tenemos que practicar hoy es la solidaridad. [*Aplausos*] No debemos acercarnos al pueblo a decir, "Aquí estamos. Venimos a darte la caridad de nuestra presencia, a enseñarte con nuestra ciencia, a demostrarte tus errores, tu incultura, tu falta de conocimientos elementales". Debemos de ir con afán investigativo y con espíritu humilde a aprender en la gran fuente de sabiduría que es el pueblo. [*Aplausos*]

Muchas veces nos daremos cuenta de lo equivocado que estábamos en conceptos que, de tan sabidos, eran parte nuestra y automática de nuestros conocimientos. Muchas veces debemos cambiar todos nuestros conceptos; no solamente los conceptos generales, los conceptos sociales o filosóficos, sino también a veces los conceptos médicos. Y veremos que no siempre las enfermedades se tratan como se trata una enfermedad en un hospital, en una gran ciudad. Veremos entonces cómo el médico tiene que ser también agricultor, y cómo aprender a sembrar nuevos alimentos, y sembrar con su ejemplo el afán de consumir nuevos alimentos, de diversificar esta estructura alimenticia cubana, tan pequeña, tan pobre, en uno de los países agrícolamente, potencialmente también, más ricos de la Tierra. Veremos, entonces cómo tendremos que ser, en esas circunstancias, un poco pedagogos, a veces mucho pedagogos; cómo tendremos que ser políticos también; cómo lo primero que tendremos que hacer no es ir a brindar nuestra sabiduría, sino ir a demostrar que vamos a aprender con el pueblo, que vamos a realizar esa gran y bella experiencia común, que es construir una nueva Cuba.

Ya se han dado muchos pasos, y hay una distancia que no se puede medir en la forma convencional entre aquel primero de enero de 1959 y hoy. Hace mucho que la mayoría del pueblo entendió que aquí no solamente había caído un dictador, sino entendió también que había caído un sistema. Viene entonces ahora la parte en que el pueblo debe aprender que sobre las ruinas de un sistema desmoronado hay que construir el nuevo sistema que haga la felicidad absoluta del pueblo.

Yo recuerdo en los primeros meses del año pasado que el compañero [Nicolás] Guillén llegaba de la Argentina. Era el mismo gran poeta que es hoy. Quizás sus libros fueran traducidos a algún idioma menos —porque todos los días gana nuevos lectores en todas las lenguas del mundo— pero era el mismo de hoy. Sin embargo, era difícil para Guillén leer sus poesías, que eran las poesías del pueblo, porque aquella era la primera época, la época de los prejuicios. Y nadie se ponía a pensar nunca que durante años y años, con insobornable dedicación, el poeta Guillén había puesto al servicio del pueblo y al servicio de la causa en la que él creía todo su extraordinario don artístico. La gente veía en él, no la gloria de Cuba, sino el representante de un partido político que era tabú. Pero todo aquello ha quedado en el olvido. Ya hemos aprendido que no puede haber divisiones por la forma de pensar en cuanto a ciertas estructuras internas de nuestro país, si nuestro enemigo es común, si nuestra meta es común. Y en lo que hay que ponerse de acuerdo es si tenemos o no un enemigo común, y si tratamos de alcanzar o no una meta común. [*Aplausos*]

Si no, todos lo sabemos. Hemos llegado definitivamente al convencimiento de que hay un enemigo común. Nadie mira para un costado para ver si hay alguien que lo pueda oír —algún otro, algún escucha de embajada que pueda transmitir su opinión— antes de emitir claramente una opinión contra los monopolios, antes de decir claramente: "Nuestro enemigo, y el enemigo de América entera, es el gobierno monopolista de los Estados Unidos de América". [*Aplausos*]

Si ya todo el mundo sabe que ése es el enemigo, y ya empieza por saberse que quien lucha contra ese enemigo tiene algo de común con nosotros, viene entonces la segunda parte. Para aquí, para Cuba, ¿cuáles son nuestras metas? ¿Qué es lo que queremos? ¿Queremos o no queremos la felicidad del pueblo? ¿Luchamos o no por la liberación económica absoluta de Cuba? ¿Luchamos o no por ser un país libre entre los libres, sin pertenecer a ningún bloque guerrero, sin tener que consultar ante ninguna embajada de ningún grande de la tierra, cualquier medida interna o externa que se vaya a tomar aquí? Si pensamos redistribuir la riqueza del que tiene demasiado para darle al que no tiene nada, [*aplausos*] si pensamos aquí hacer del trabajo creador una fuente dinámica, cotidiana, de todas nuestras alegrías, entonces ya tenemos metas a que referirnos. Y todo el que tenga esas mismas metas es nuestro amigo. Si en el medio tiene otros conceptos, si pertenece a una u otra organización, esas son discusiones menores.

En los momentos de grandes peligros, en los momentos de grandes tensiones y de grandes creaciones, lo que cuenta son los grandes enemigos y las grandes metas. Si ya estamos de acuerdo, si ya todos sabemos hacia dónde vamos, y pese a aquel a quien le va a pesar, entonces tenemos que iniciar nuestro trabajo. [*Aplausos*]

Y yo les decía que hay que empezar, para ser revolucionario, por tener revolución. Ya la tenemos. Y hay que conocer también al pueblo sobre el cual se va a trabajar. Creo que todavía no nos conocemos bien. Creo que en ese camino nos falta todavía andar un rato. Y si se me preguntara cuáles son los vehículos para conocer al pueblo, además del vehículo de ir al interior, de conocer cooperativas, de vivir en las cooperativas, de trabajar en ellas —y no todo el mundo lo puede hacer, y hay muchos lugares donde la presencia de un trabajador de la medicina es importantísima—, en esos casos les diría yo que una de las grandes manifestaciones de la solidaridad del pueblo de Cuba son las milicias revolucionarias. [*Aplausos*] Milicias que dan ahora al médico una nueva función y lo preparan para lo que de todas maneras hasta hace pocos días fue una triste y casi fatal realidad de Cuba: es decir, que íbamos a ser presa —o por lo menos, si no presa, víctimas— de un ataque armado de gran envergadura.

Y debo advertir entonces que el médico, en esa función de miliciano revolucionario, debe ser siempre un médico. No se debe cometer el error que cometimos nosotros en la Sierra —o quizá no fuera error, pero lo saben todos los compañeros médicos de aquella época—: nos parecía un deshonor estar al pie de un herido o de un enfermo y buscábamos cualquier forma posible de agarrar un fusil e ir a demostrar, en el frente de lucha, lo que uno debía hacer.

Ahora las condiciones son diferentes, y los nuevos ejércitos que se formen para defender al país deben ser ejércitos con una técnica distinta. Y el médico tendrá su importancia enorme dentro de esa técnica del nuevo ejército. Debe seguir siendo médico, que es una de las tareas más bellas que hay, y más importantes en la guerra. Y no solamente el médico, sino también los enfermeros, los laboratoristas, todos los que se dediquen a esta profesión tan humana.

Pero debemos todos —aun sabiendo que el peligro está latente, y aun preparándonos para repeler la agresión, que todavía existe en el ambiente— debemos dejar de pensar en ello. Porque si hacemos centro de nuestros afanes el prepararnos para la guerra, no podremos construir lo que queremos, no podremos dedicarnos al trabajo creador.

Todo trabajo, todo capital que se invierta en prepararse para una acción guerrera, es trabajo perdido, es dinero perdido. Desgraciadamente hay que hacerlo, porque hay otros que se preparan. Pero es —y lo digo con toda mi honestidad y mi orgullo de soldado— que el dinero que con más tristeza veo irse de las arcas del Banco Nacional es el que va a pagar algún arma de destrucción. [*Aplausos*]

Sin embargo, las milicias tienen una función en la paz. Las milicias deben ser, en los centros poblados, el arma que unifique y que haga conocer al pueblo. Debe practicarse, como ya me contaban los compañeros que se practica en las milicias de los médicos, una solidaridad extrema. Se debe ir inmediatamente a solucionar los problemas de los necesitados de toda Cuba en todos los momentos de peligro. Pero también es una oportunidad de conocerse. Es una oportunidad de convivir, hermanados e igualados por un uniforme, con los hombres de todas las clases sociales de Cuba.

Si logramos nosotros, trabajadores de la medicina —y permítaseme que use de nuevo un título que hacía tiempo había olvidado—, si usamos todos esta nueva arma de la solidaridad, si conocemos las metas, conocemos el enemigo, y si conocemos el rumbo por donde tenemos que caminar, nos falta solamente conocer la parte diaria del camino a realizar. Y esa parte no se la puede enseñar nadie. Esa parte es el camino propio de cada individuo. Es lo que todos los días hará, lo que recogerá en su experiencia individual y lo que dará de sí en el ejercicio de su profesión, dedicado al bienestar del pueblo.

Si ya tenemos todos los elementos para marchar hacia el futuro, recordemos aquella frase de Martí, que en este momento yo no estoy practicando pero que hay que practicar constantemente: "La mejor manera de decir es hacer". Y marchemos entonces hacia el futuro de Cuba. [*Ovación*]

El imperialismo se quedó dormido en Cuba, pero ya ha despertado

A las brigadas internacionales de trabajo voluntario
30 de septiembre de 1960

La Revolución Cubana se ganó la solidaridad de trabajadores y jóvenes de todo el mundo. En agosto y septiembre de 1960, unos 160 jóvenes de 36 países ofrecieron su trabajo voluntario por casi dos meses para ayudar a construir la Ciudad Escolar "Camilo Cienfuegos" de Las Mercedes, en la Sierra Maestra, en Cuba oriental. Ernesto Che Guevara pronunció el siguiente discurso en el acto de despedida a estas brigadas de trabajo voluntario.

La delegación argelina recibió mención especial por parte de Guevara. Desde 1954 el Frente de Liberación Nacional había librado una guerra para independizarse de Francia, lucha que se había convertido en un polo de atracción para la juventud de disposición revolucionaria de todo el mundo. En 1962 el régimen colonial francés reconoció su derrota y Argelia, al igual que Cuba, estableció un gobierno, bajo la dirección de Ahmed Ben Bella, que movilizó a los trabajadores y campesinos en defensa de sus propios intereses.

Cuatro días antes del discurso de Che, Fidel Castro se había dirigido por primera vez a la Asamblea General de Naciones Unidas, presentando ante el mundo una defensa del derecho de Cuba a la autodeterminación nacional y al desarrollo económico. "El de Cuba no es un caso aislado", señaló Castro. Es "el caso de todos los países subdesarrollados y colonizados". Hablando a nombre del gobierno revolucionario de Cuba, él denunció las acciones de Naciones Unidas que sirvieron de fachada para que Washington, unos días antes, organizara el derrocamiento del gobierno de Patricio Lumumba en el Congo. Subrayó el apoyo de Cuba a la lucha independentista de Argelia contra Francia, exigió que la ONU reconociera a la República Popular China y se solidarizó con la lucha por la liberación de Puerto Rico del coloniaje norteamericano.

Brigadas de trabajo voluntario de jóvenes de muchos países ayudaron a construir la Ciudad Escolar Camilo Cienfuegos en la Sierra Maestra (arriba).
Abajo: Brigadistas en acto de despedida en La Habana.

"¿Es que este pueblo ha hecho una revolución porque es así?
De ninguna manera. Este pueblo es así porque está en revolución".

El 28 de septiembre de 1960, en una concentración de masas en La Habana, Fidel Castro informó al pueblo cubano sobre su viaje histórico a Nueva York. Toda la delegación —mal recibida en un hotel del centro de la ciudad— se había trasladado al Hotel Theresa, donde recibió una bienvenida tumultuosa del pueblo de Harlem y una calurosa acogida del dirigente revolucionario norteamericano Malcolm X.

En esa misma concentración en La Habana, durante la cual estalló una bomba colocada por terroristas contrarrevolucionarios, Castro anunció que se crearía una organización de cubanos movilizados en cada cuadra para combatir la contrarrevolución. En los días siguientes se organizarían los Comités de Defensa de la Revolución para afrontar esta necesidad.

*

Compañeros de Cuba y de todos los países del mundo que vinieron a dar su mensaje de solidaridad con la Revolución Cubana en los contrafuertes de la Sierra Maestra:

Hoy es un día alegre, un día de juventud, pero también es un día triste de despedida. Hoy decimos hasta luego a los compañeros de todo el mundo que llegaron aquí a trabajar por la Revolución Cubana y a conocer esta revolución y su pueblo. Trabajaron con todo el entusiasmo juvenil y revolucionario de que son capaces, y creo que además aprendieron a conocer a nuestro pueblo, un pueblo como cualquier otro, compuesto de millones de personas que forman hoy una masa unida y beligerante en la defensa de sus recién adquiridos derechos, y firmes hasta la muerte para mantenerlos y para seguir caminando hacia nuevas conquistas. [*Aplausos*]

Pecaríamos nosotros si pensáramos explicarle a cada uno de los compañeros que vino desde diversas partes del mundo, qué es una revolución, y si pensáramos incitarlos a seguir este ejemplo, como si esto fuera único en el mundo. Esto no es nada más, pero tampoco nada menos, que un pueblo que ha entrado en revolución, y que está muy firmemente dentro de ella. Muchos de los jóvenes del mundo entero saben ya lo que es entrar en revolución, como lo saben los cubanos. Y saben también los resultados magníficos que obtiene el pueblo cuando se ha podido desligar de las trabas que oprimían su desarrollo.

Pero también, desgraciadamente, hay muchos compañeros de América y del mundo entero que todavía no han podido ver a su pueblo entrar en revolución. Todavía quizás no puedan explicarse bien cuál es el fenómeno histórico por el cual en Cuba —un país no más colonizado que otro, no más explotado que otro— encontró sin embargo, en su desesperación, la fuerza necesaria para empezar la lucha que rompería las cadenas. Y es en verdad difícil explicarlo, de acuerdo con las teorías conocidas, el por qué ha sido aquí precisamente, en Cuba, donde se dio el primer grito de libertad definitiva en América y donde se pudo avanzar hasta el momento en que vivimos. No pretenderemos tampoco explicarlo. No pretendemos tampoco que este ejemplo cubano sea la única forma de realizar el anhelo del pueblo, que sea este camino de luchas el único y definitivo para alcanzar la felicidad verdadera, que es la libertad y el bienestar económico. Sin embargo, muchas de las cosas que aquí hicimos se pueden hacer en casi todos los países oprimidos: oprimidos, colonizados, semicolonizados. No subdesarrollados, como nos llaman, porque nosotros no somos subdesarrollados. Estamos simplemente mal desarrollados, mal desarrollados porque el imperialismo hace tiempo que ocupó nuestras fuentes de materias primas y se dedicó a desarrollarlas de acuerdo con las necesidades imperiales.

No es necesario abundar en ejemplos. Ustedes conocen cómo es el azúcar en Cuba, cómo es el algodón de México, o el petróleo de Venezuela, o el estaño de Bolivia, o el cobre de Chile, o la ganadería o el trigo argentino, o el café brasileño. Todos tenemos un denominador común: somos países de monoproducto, y tenemos también el denominador común de ser países de monomercado.

Ya sabemos, entonces, que en el camino de la liberación hay que luchar contra el monomercado primero, contra el monoproducto después, y diversificar el comercio exterior y diversificar la producción interna. Y hasta aquí, todo es sencillo. El problema es cómo hacerlo. ¿Se va a hacer por vía parlamentaria; se va a hacer por la vía de los fusiles; se va a hacer por una mezcla de vía parlamentaria y vía de los fusiles? Yo no sé ni puedo responder exactamente a esa pregunta. Lo que sí puedo decirles es que en las condiciones cubanas bajo la opresión imperialista, y bajo la opresión de sus títeres internos, no vimos otra salida para el pueblo cubano que la voz de los fusiles.

Y a quienes pregunten llenos de tecnicismo, por ejemplo, qué capital se necesita para iniciar una reforma agraria, le diríamos que no necesita. El único capital: el de un pueblo armado, consciente de sus derechos. [*Aplausos*] Con ese solo capital pudimos aquí en Cuba realizar nuestra reforma agraria, profundizarla, seguir adelante en ella e iniciar el camino de la industrialización.

Naturalmente que no se puede resumir en una fórmula tan sencilla todo el esfuerzo de un pueblo, porque ésta es una lucha que ha costado sangre y sufrimiento, y que tratan los imperios del mundo de que siga costando más sangre y más sufrimiento. Por eso hay que unirse firmemente en torno a esos fusiles, en torno a la única voz que vaya guiando al pueblo entero hacia sus metas definitivas, unirse intransigentemente, no permitir que nada siembre la división. Porque si los hermanos se pelean —decía Martín Fierro— los devoran los de afuera. Y el imperio conoce bien esa máxima, que simplemente el poeta la recogió del pueblo. El imperio sabe que hay que dividir para vencer. Así nos dividió en países productores de café, de cobre, de petróleo, de estaño o de azúcar, y así nos dividió también en países que competían por un mercado en un solo país, bajando constantemente los precios, para poder más fácilmente derrotar uno a uno a esos países.

Es decir que la máxima que puede aplicarse a un pueblo, debe aplicarse también a todos los pueblos cuyo desarrollo no es completo. Tenemos que unirnos todos. Todos los pueblos del mundo deben unirse para conseguir lo más sagrado, que es la libertad, que es el bienestar económico, que es el sentimiento de no tener absolutamente ningún problema insalvable por delante, y el saber que con el trabajo de todos los días, entusiasta y creador, podemos llegar a nuestras metas, sin que nada se cruce en el camino.

Pero existen los imperios que todos ustedes conocen, los imperios que conocemos nosotros, porque nos han explotado; los imperios que conocen, incluso, los compañeros que han nacido en esos países, porque han vivido dentro del monstruo y conocen lo terrible que es el vivir en esas condiciones cuando se tiene fe en la esencia humana. Y lo conocen también todos los países amantes de la paz, que se ven hoy rodeados por un cerco de bases atómicas, sin poder cumplir totalmente sus deseos de desarrollo.

Todos los conocemos, y por eso nuestro deber común es el de tratar de unirnos aun por sobre los gobiernos que quieran separarnos, estrechar nuestras manos —no solamente los jóvenes, como lo hicimos aquí, sino también los hombres maduros, los viejos y los niños— en un solo haz de voluntades, para evitar hoy la más terrible de las guerras que amenazan a la humanidad, y para conseguir también esos anhelos tan deseados por todo el mundo.

Pero cuando los pueblos que conocen todo esto —porque los pueblos no son ignorantes— quieren realizar esas uniones, empieza, como le ocurrirá a muchos de ustedes, la presión de todos los países que tienen gobernantes vendidos para meterlos en la cárcel, para oprimirlos de cualquier manera, para hacerlos olvidar lo que aprendieron en un país libre, o para dar en ustedes mismos el ejemplo que haga que los timoratos no se animen a seguir el camino de la dignidad. Ya sucedió varias veces con quienes nos visitan de los países de América, y desgraciadamente seguirá sucediendo todavía. Muchos de ustedes tendrán dificultades. Muchos de ustedes serán apostrofados como hombres de una ralea humana ínfima, aliados a extraños opresores extranjeros, aliados a lo más nefasto para destruir la democracia que llaman ellos, para destruir el modo de vida occidental. Ese modo de vida occidental que está representado aquí por el pueblo de Argelia que lucha, por todos los pueblos oprimidos que luchan y que son muertos día a día por alcanzar una felicidad que nunca ven llegar.

Por eso no es sencillo el camino. No es ni siquiera sencillo el camino para los que, como nosotros, han podido cruzar la primera barrera y establecer al pueblo en el gobierno. [*Aplausos*] Viene todavía una etapa muy dura, una etapa en que estas falsas democracias van castigando cada vez más al pueblo, y el pueblo va sintiendo cada vez más la indignación y hasta el odio subir por todo su cuerpo, hasta convertirse en una ola humana que toma las armas, que lucha y que conquista el poder. Estamos, entonces, en que en las condiciones actuales de la humanidad, los países coloniales y semicoloniales, los que tienen encima el yugo de gobiernos títeres de otros imperios, casi seguro, a la larga o a la corta, tendrán que empuñar las armas para lograr establecer en el gobierno a representantes del pueblo, y unirse así toda América, toda el Africa, toda el Asia y todos juntos: América, Asia, Europa, en un solo mundo feliz. [*Aplausos*]

Pero verán muchas cosas. Verán cómo es cierto que el imperialismo se quedó dormido en Cuba, pero que también se ha despertado, porque lo han despertado los gritos del pueblo. Verán cómo se forman policías, llamadas internacionales, en las cuales se les da el liderazgo a aquellas que tengan más experiencia en la lucha anticomunista —es decir, en nuestro ejemplo americano, a los Estados Unidos— para empuñar las armas, o mejor dicho, para dar las armas que empuñarán nuestros hermanos de América e ir a luchar, amparados en esa bandera de oprobios que es hoy la Organización de Estados Americanos, contra un pueblo que se rebele. Eso se verá en América y se verá dentro de poco tiempo. Se verá porque los pueblos se rebelarán. Y se verá porque el imperio formará esos ejércitos. Pero la historia del mundo sigue andando, y veremos nosotros —o nuestros compañeros, si nos toca caer en la lucha, pero en esta generación veremos— cómo esos pueblos superan en la lucha aún a esos ejércitos armados por la potencia más bárbara de la tierra, y destrozan completamente al imperialismo.

Nosotros, los de esta generación, veremos definitivamente liberado al mundo, [*aplausos*] aun cuando tengamos que pasar por los sufrimientos más grandes, por las más extraordinarias privaciones, y aun cuando en su locura pretendan desencadenar una guerra que no hará otra cosa que precipitar su fin.

Pero si alguno de los pueblos logra su independencia sin pasar por esta lucha, o acortando las etapas de esta lucha, y vuelve a preguntar, solamente la receta para desarrollarse en ésta de unir el pueblo, de organizar con el capital de los fusiles y del pueblo las reformas sociales y económicas más profundas, hay que también decirles que es muy importante educar al pueblo, y que los pueblos se educan con una rapidez maravillosa.

A nosotros, los que nos ha tocado vivir esta experiencia tan rica en acontecimientos como es la Revolución Cubana, nos conmueve ver cómo día a día nuestro pueblo va adquiriendo mayores conocimientos, mayor fe revolucionaria, mayor conciencia revolucionaria. Y si no, véanlo hoy en un simple ejemplo: Se aplaudió aquí calurosamente a todas las delegaciones de los países hermanos. Pero tres delegaciones ganaron nuestro aplauso más cálido, porque están en situaciones especiales: La delegación del pueblo de los Estados Unidos de América, [*aplausos*] delegación que nunca debe confundirse con el gobierno de los Estados Unidos de América, delegación del pueblo que no conoce de odios raciales y que no conoce de diferencias de un individuo a otro por el color de la piel, o por su religión, o por su posición económica.

Y también aplaudió calurosamente a quien representa hoy, como nadie, el polo antitético, que es la delegación de la República Popular China. [*Aplausos*]

Y al mismo tiempo que aplaudía a dos pueblos cuyos gobiernos están en lucha enconada —uno con todo su pueblo detrás, otro engañando al pueblo, o contra su pueblo— aplaudía también fervorosamente a la delegación argelina. [*Aplausos*] La delegación argelina, que está escribiendo otra página maravillosa de la historia, luchando también como nosotros tuvimos que luchar en las montañas, pero soportando no una invasión de su suelo, por gente hija de su propio suelo, que por más bárbaros que sean siempre respetan algo, sino una invasión de tropas de un país extranjero, que están educándose para la matanza, educándose en el odio racial, educándose en la filosofía de la guerra. Pero, sin embargo, este pueblo pudo aplaudir también generosamente a la delegación del pueblo de Francia, que tampoco representa a su gobierno. [*Aplausos*]

Pero nos preguntaremos nosotros: ¿un pueblo que sabe elegir tan bien los centros de su aplauso, que sabe encontrar la raíz política, y que sabe diferenciar exactamente entre gobiernos y pueblos, aun en momentos como éste en que se ha lanzado sobre la delegación cubana en la Organización de Naciones Unidas, por ejemplo, un odio feroz, una represión brutal, que llegó hasta el escarnio físico, no hablemos del escarnio oral. ¿Es que este pueblo ha hecho revolución porque es así? De ninguna manera. Este pueblo es así porque está en revolución. Este pueblo ha aprendido en el ejercicio de los derechos revolucionarios, durante estos pocos veinte meses de vida de la Revolución Cubana, todo lo que se expresa aquí y todo lo que ustedes, delegados del mundo entero, han podido ver y palpar en nuestra isla.

La primera receta para educar al pueblo, cambiando entonces los términos, es hacerlo entrar en revolución. Nunca pretendan educar un pueblo para que, por medio de la educación solamente, y con un gobierno despótico encima, aprenda a conquistar sus derechos. Enséñenle, primero que nada, a conquistar sus derechos. Y ese pueblo, cuando esté representado en el gobierno, aprenderá todo lo que se le enseñe, y mucho más: será el maestro de todos sin ningún esfuerzo. [*Aplausos*]

Con esas cosas que nosotros también, gobierno revolucionario, parte del pueblo, hemos aprendido desde estos lugares de dirigencia, preguntando siempre al pueblo, no separándonos nunca de él. Porque el gobernante que se aísla en una torre de marfil, y pretende dirigir al pueblo con fórmulas, está fracasado y va en el camino del despotismo. Pueblo y gobierno deben ser siempre una sola cosa. Y para todos ustedes, los compañeros de América y de los países coloniales que no han logrado su independencia que nos visitan, sepan también que para dirigir al pueblo no hay que saber letras. Que si se sabe letras, mejor, sí. Que si se es filósofo y matemático, además, está bien. Pero para dirigir al pueblo hay que interpretarlo, y es mucho más fácil interpretar al pueblo cuando se es parte misma de ese pueblo, cuando nunca por educación o por cualquiera de las barreras que hoy nos separan se ha vivido aislado del pueblo.

Por eso nosotros tenemos un gobierno de obreros, de campesinos y también de gente que sabía leer desde antes, pero que es la menos y que aprendió lo más en esta lucha. Y ustedes tienen el ejemplo aquí, en los Jóvenes Rebeldes. [*Aplausos*] Cuando el domingo escuchen ustedes la palabra del comandante Joel Iglesias. [*Aplausos*] Sepan que ese comandante del Ejército Rebelde llegó a la Sierra con quince años, que apenas sabía leer y no sabía escribir nada. Y que hoy puede dirigirse a toda la juventud, no porque se haya convertido ya en un filósofo en un año y medio, sino porque puede hablar al pueblo porque es parte misma del pueblo y porque siente lo que todos ustedes sienten todos los días, y lo sabe expresar, sabe llegar hasta ustedes. Si los gobiernos se forman de hombres como esos, mucho mejor.

Por eso, desde aquí felicitamos a los gobiernos del mundo cuyos gobernantes han sufrido en el seno del pueblo, han aprendido sus letras en el curso de la lucha y están hoy, como siempre, identificados con los pueblos. [*Aplausos*]

Ustedes han venido aquí, los compañeros del mundo, a conocernos y a trabajar por nosotros. Pero también, a pesar de todas las enseñanzas que ustedes nos traen, pueden siempre aprender algo nuevo; y de nuevo, todos los compañeros de países que no han vivido esta experiencia y que se preparan para vivirla. Porque esto es parte de la historia, y la historia no se puede cambiar.

Hay muchas cosas que aprender de Cuba, no solamente las buenas, las que todos los días se ven, las que muestran el entusiasmo y el fervor del pueblo. También pueden aprender de las cosas malas; también pueden aprender para que un día, cuando tengan que gobernar, no cometan errores como nosotros los hemos cometido. Para que aprendan que la organización debe estar íntimamente ligada a la victoria del pueblo; que cuanto más profunda sea esa organización, más fácil será la victoria.

Ustedes fueron a trabajar, a construir una ciudad escolar, y cuando llegaron no estaba todo organizado. Estaba la ciudad escolar en receso, y no pudieron acabar ese pequeño monumento a la solidaridad humana que querían ustedes dejar allí. Es una lástima, aunque para nosotros vale tanto, así como está, como si hubieran construido el más precioso de los castillos. Pero es también una enseñanza de que la organización es importante, de que no se puede pensar en que el revolucionario es un ser celestial, que cae a la tierra por la gracia de Dios, que abre sus brazos, empieza la revolución, y que todos los problemas se resuelven cuando surgen, simplemente por esa gracia del Iluminado. El revolucionario tiene que ser un trabajador infatigable, y además de infatigable, organizado. Y si en vez de aprender con los golpes de la lucha, como hemos aprendido nosotros, llevan ya a la lucha revolucionaria esa experiencia previa de la organización, tanto mejor para los países donde les toque a ustedes luchar por la revolución. Esa es una de las enseñanzas que pueden sacar aquí, y que la pueden sacar en este ejemplo específico precisamente porque nosotros no pudimos brindársela positivamente.

Pero, naturalmente, en muchos otros ramos de la economía del país no hemos cometido ese pecado. Nosotros aprendimos también desde los primeros días de la lucha que había que organizarse. Y por eso ya está apenas acabando el segundo año de la revolución y nosotros nos preparamos para salir con nuestro primer plan bien organizado de desarrollo, para establecerlo con todo entusiasmo, junto con el pueblo entero. Porque un plan de desarrollo ambicioso, que pretende poner en tensión las fuerzas completas del pueblo, no puede estar divorciado de él. Deben hacerse juntos, para que todo el mundo lo comprenda, para que todo el mundo capte su esencia y todo el mundo ponga entonces su hombro para esa tarea.

Otra vez más, también, seremos entonces en América el primer país que pueda decir con orgullo que tiene un plan de desarrollo económico y, además de eso, que es lo más importante, un plan que se va a cumplir; y un plan que haremos todo lo posible por sobrepasarlo incluso. [*Aplausos*] ¿Por qué necesitamos ese plan? Para nosotros también es algo nuevo, porque, precisamente, nosotros siempre tenemos que pensar en todas las cosas que no nos lleguen bien al entendimiento: ¿Qué es lo que quiere el enemigo que hagamos? Y analizar por qué quiere que lo hagamos, y entonces hacer lo contrario. Si el enemigo no quiere que planifiquemos, no quiere que nos organicemos, no quiere que estatalicemos nuestra economía, y lucha con todas sus fuerzas contra eso, ¿por qué? Porque en la anarquía de la producción capitalista es donde ellos sacan precisamente el jugo al pueblo trabajador, y donde crean además las mentalidades que hacen que todo el mundo, todo hombre, se convierta en lobo del hombre. Que cada uno trate de luchar solo, dando codazos y patadas y cabezazos, para tratar de sobresalir sobre los demás, sin darse cuenta que si todos fueran juntos y ordenados harían una fuerza enorme y podrían avanzar mucho más, con beneficio para todos. [*Aplausos*]

Claro que hay siempre, hay siempre unos cuantos, los que miran los toros desde la barrera, los que están alejados del esfuerzo y del trabajo cotidiano, que se insultan cuando escuchan estas cosas, que dan exclamaciones terribles y que hablan entonces de la sacrosanta propiedad privada. Y, ¿qué ha sido esa propiedad privada, en términos de grandes monopolios —no hablemos del pequeño industrial o comerciante, pero en términos de grandes monopolios— sino precisamente la destructora no solamente de nuestra fuerza, sino aun de nuestra nacionalidad y de nuestra cultura? Ese monopolio —que es el arquetipo de la propiedad privada, el arquetipo de la lucha del hombre contra el hombre— es el arma imperial que divide, que explota y que degenera al pueblo. Ese es el que da productos más baratos, pero de una calidad ínfima o innecesarios; el que vende su cultura en forma de películas, de novelas o de cuentos para niños, con toda la intención de ir creando en nosotros una mentalidad diferente. Porque ellos tienen su estrategia: la estrategia del dejar hacer, la estrategia del esfuerzo individual frente al esfuerzo colectivo, el llamado a esa partícula de egoísmo que existe en el hombre, para que sobresalga sobre los demás. Y además de eso, el llamado también a esa partícula, a ese pequeño complejo de superioridad que todos los hombres tienen, que los hacen creer que son mejores que los otros hombres. Y entonces, el monopolio le inculca desde pequeño que a él, que es mejor y más trabajador, le conviene luchar individualmente contra todos, ganarlos a todos y convertirse también en un explotador.

Se preocupan mucho de demostrar que el esfuerzo colectivo es esclavizador y que no permite superarse a los más inteligentes o a los más aptos. Como si el pueblo estuviera integrado por más inteligentes o por más aptos; como si el pueblo no fuera nada más que una gran masa de voluntades y de corazones que aproximadamente tienen todos la misma capacidad de trabajo, el mismo espíritu de sacrificio y la misma inteligencia.

Ellos llegan allí donde está la masa indiferenciada y tratan de dividirlos: en negros y en blancos, en más capaces y menos capaces, en alfabetos y analfabetos; y después, ir subdividiéndolos, hasta lograr el individuo y hacer del individuo el centro de la sociedad.

Naturalmente que por sobre esos individuos que ellos muestran, están los monopolios, que también son colectivos pero son los colectivos de la explotación. Y nosotros tenemos que demostrar al pueblo que su fuerza está en no creerse más ni mejor que los demás, en conocer sus propias delimitaciones y en conocer también la fuerza de la unión; en saber que siempre dos empujan más que uno, y diez más que dos, y cien más que diez, ¡y seis millones más que cien! [*Aplausos*]

Compañeros, ustedes los delegados de todos los países del mundo: debo darles las gracias, en nombre del pueblo cubano, y decirles sinceramente que hemos aprendido mucho de ustedes y que dejan un recuerdo imborrable, y manifestarles también que nosotros aspiramos a dejar en ustedes un recuerdo imborrable. Y además de eso, aspiramos a que se aproveche de nosotros todo lo que se puede aprovechar, a que se analice en todos los lugares del mundo, donde sea necesario analizar, el porqué de las cosas. Que se vayan mirando las teorías, revisándolas, analizándolas cuidadosamente. Y que todo el mundo se pregunte si no se podrá ser feliz algún día, y cuál será ese medio para ser feliz.

No pretendemos nosotros darles esto como ejemplo. Lo damos simplemente, lo ofrecemos con los brazos abiertos como un hecho histórico. Si alguien puede sacar de aquí enseñanzas que mejoren —aunque sea en una mínima parte— otro sector de la población del mundo, nos consideramos satisfechos. Pero aún cuando no sirviéramos para eso, de todas maneras nos consideraríamos felices si, al deambular nosotros a veces por otras partes del mundo, nos encontramos con las manos amigas de ustedes que recuerden estos dos meses de estancia en Cuba. [*Aplausos*]

Nosotros, compañeros, los recordamos muy gratamente. Deseamos de nuevo otros encuentros con ustedes. Los invitamos a visitar nuestro país cuantas veces quieran para trabajar en él, para aprender en él, simplemente para verlo de nuevo. Y los despedimos con un abrazo de hermano y con un ¡hasta luego! [*Ovación*]

Que la universidad se pinte de negro, de mulato, de obrero y campesino

En la Universidad Central de Las Villas
28 de diciembre de 1959

Al triunfar la revolución en enero de 1959, la composición de clase del estudiantado y del cuerpo de catedráticos en las tres universidades de Cuba —en La Habana, Santiago de Cuba y Santa Clara— reflejaba la sociedad explotadora que los trabajadores y campesinos cubanos ahora se empeñaban en dejar atrás.

Desde los primeros días, el gobierno revolucionario cubano tomó medidas para comenzar a remediar estas desigualdades de clases y la discriminación racista inherentes a las relaciones sociales capitalistas, exacerbadas en Cuba por más de tres siglos de esclavitud del negro y muchas décadas de dominación imperialista norteamericana. Además de la reforma agraria y la nacionalización de las industrias, en los dos primeros años el nuevo gobierno llevó a cabo numerosas medidas revolucionarias. Movilizó a más de cien mil jóvenes que se extendieron por el campo cubano como maestros voluntarios en una cruzada que en el transcurso de un año prácticamente eliminó el analfabetismo, azote que antes de la revolución había sido una realidad en la vida de casi el 25 por ciento de la población. Los decretos del gobierno recortaron los alquileres y el costo de los medicamentos a la mitad y redujeron las tarifas eléctricas y telefónicas. Por primera vez se estableció en Cuba un sistema extenso y universal de educación pública, al tiempo que las escuelas privadas se convirtieron en centros de enseñanza para todos. Se inauguró un sistema de salud pública con atención médica gratuita para toda la población.

En el siguiente discurso, pronunciado en la Universidad Central de Las Villas, en la ciudad de Santa Clara, y en los dos discursos que le siguen en este libro, Che Guevara aborda el reto de impulsar esta misma perspectiva en las universidades cubanas: para abrir las puer-

BOHEMIA

GRANMA

Che Guevara en la Universidad Central de Las Villas, el 28 de diciembre de 1959, al recibir título honorario, y toga y birrete de manos del rector Mariano Rodríguez.

"Solamente acepto el título que hoy se me ha conferido como un homenaje general a nuestro ejército del pueblo. Toda la pedagogía que he ejercido ha sido la pedagogía de los campamentos guerreros, de las malas palabras, del ejemplo feroz. Por eso sigo con mi uniforme del Ejército Rebelde".

tas de estos enclaves casi exclusivamente de blancos a los hijos de los trabajadores y campesinos, y para transformar su carácter y sus programas de estudios a partir de las nuevas tareas revolucionarias.

En la Cuba prerrevolucionaria, el funcionamiento del capitalismo reproducía a diario un sistema de segregación racial que estigmatizaba a los negros y a los mulatos. Los africanos habían sido llevados a Cuba desde la época de la conquista española en el siglo XVI, trabajando de esclavos en las plantaciones cañeras. Las guerras libradas en la isla en las últimas décadas del siglo XIX para independizarse de España se entrelazaron con la lucha por abolir la esclavitud, que no se eliminó sino hasta en 1886. Decenas de miles de esclavos y sus descendientes pelearon en las tres guerras de independencia como soldados, oficiales y jefes, constituyendo la mayoría de los integrantes del Ejército Libertador.

Durante las primeras seis décadas del siglo XX, los negros en Cuba enfrentaron las peores condiciones en la ciudad y el campo, tanto en el empleo como en la educación, la salud y la vivienda. En gran parte de Cuba prevalecía un sistema de segregación racial parecido al sistema Jim Crow del Sur de Estados Unidos. Entre sus primeras medidas, el nuevo gobierno revolucionario promulgó leyes que afrontaron esta opresión racista. Al dirigirse a una concentración en La Habana el 22 de marzo de 1959, Fidel Castro anunció que se había declarado ilegal la discriminación de los negros y mulatos en el empleo. Varias semanas más tarde, la Ley 270 declaró que todas las playas y demás instalaciones públicas estaban abiertas a todos: negros, mulatos y blancos. Los clubes, negocios y demás establecimientos que les negaban igualdad de acceso y servicios a los negros y mulatos fueron clausurados. El Ejército Rebelde, la recién constituida fuerza policial revolucionaria y las milicias populares hicieron cumplir estas leyes.

Según observa Che Guevara en el discurso que sigue, su visita a Las Villas coincidió con el Primer Fórum Nacional de Industrias Cubanas, organizado por estudiantes universitarios de dicha institución. Desde octubre de 1959, Guevara había encabezado el Departamento de Industrialización del Instituto Nacional de Reforma Agraria. El 26 de noviembre de 1959, él fue designado también presidente del Banco Nacional.

*

Queridos compañeros, nuevos colegas del claustro y viejos colegas de la lucha por la libertad de Cuba:

Tengo que puntualizar, como principio de estas palabras, que solamente acepto el título que hoy se me ha conferido como un homenaje general a nuestro ejército del pueblo. No podría aceptarlo a título individual por la sencilla razón de que todo lo que no tenga un contenido que se adapte solamente a lo que quiere decir, no tiene valor en la Cuba nueva. ¿Y cómo podría aceptar yo personalmente, a título de Ernesto Guevara, el grado de Doctor Honoris Causa de la Facultad de Pedagogía, si toda la pedagogía que he ejercido ha sido la pedagogía de los campamentos guerreros, de las malas palabras, del ejemplo feroz? [*Aplausos*] Y creo que eso no se puede convertir de ninguna manera en una toga. Por eso sigo con mi uniforme del Ejército Rebelde, aunque puedo venir a sentarme aquí, a nombre y representación de nuestro ejército, dentro del claustro de profesores. Pero al aceptar esta designación, que es un honor para todos nosotros, quería también venir a dar nuestro homenaje, nuestro mensaje de ejército de pueblo y de ejército victorioso.

Una vez a los alumnos de este centro les prometí una pequeña charla en la que expusiera mis ideas sobre la función de la universidad. El trabajo, el cúmulo de acontecimientos, nunca me permitió hacerlo. Pero hoy voy a hacerlo amparado ahora, además, en mi condición de Profesor Honoris Causa. [*Aplausos*]

Y ¿qué tengo que decirle a la universidad como artículo primero, como función esencial de su vida en esta Cuba nueva? Le tengo que decir que se pinte de negro, que se pinte de mulato, no sólo entre los alumnos sino también entre los profesores. Que se pinte de obrero y de campesino. Que se pinte de pueblo. Porque la universidad no es el patrimonio de nadie y pertenece al pueblo de Cuba. Y si este pueblo que hoy está aquí, y cuyos representantes están en todos los puestos del gobierno, se alzó en armas y rompió el dique de la reacción, no fue porque esos diques no fueron elásticos. No tuvieron la inteligencia primordial de ser elásticos para poder frenar con esta elasticidad el impulso del pueblo. Y el pueblo que ha triunfado, que está hasta malcriado en el triunfo, que conoce su fuerza y se sabe arrollador, está hoy a las puertas de la universidad, y la universidad debe ser flexible: pintarse de negro, de mulato, de obrero, de campesino, o quedarse sin puertas. Y el pueblo la romperá y él pintará la universidad con los colores que le parezca.

Ese es el mensaje primero. Es el mensaje que hubiera querido decir [*aplausos*] los primeros días después de la victoria, en las tres universidades del país, pero que solamente pude hacer en la Universidad de Santiago. Y si me pidieran un consejo a fuer de pueblo, de Ejército Rebelde y de profesor de pedagogía, diría yo que para llegar al pueblo hay que sentirse pueblo. Hay que saber qué es lo que quiere, qué es lo que necesita y qué es lo que siente el pueblo. Hay que hacer un poquito de análisis interior y de estadística universitaria y preguntar cuántos obreros, cuántos campesinos, cuántos hombres que tienen que sudar ocho horas diarias la camisa están aquí en esta universidad.

Y después de preguntarse eso hay que preguntarse también, recurriendo al autoanálisis, si este gobierno que hoy tiene Cuba representa o no representa la voluntad del pueblo. Y si esa respuesta fuera afirmativa, si realmente este gobierno representa la voluntad del pueblo, [*aplausos atronadores*] habría que preguntarse también: este gobierno que representa la voluntad del pueblo en esta universidad, ¿dónde está y qué hace? Y entonces veríamos que desgraciadamente el gobierno, que hoy representa la mayoría casi total del pueblo de Cuba, no tiene voz en las universidades cubanas para dar su grito de alerta, para dar su palabra orientadora y para expresarlo sin intermedios, la voluntad, los deseos y la sensibilidad del pueblo.

La Universidad Central de Las Villas dio un paso al frente para mejorar estas condiciones. Y cuando fue a realizar su fórum sobre la industrialización, recurrió, sí, a los industriales cubanos, pero recurrió al gobierno también. Nos preguntó nuestra opinión y la opinión de todos los técnicos de los organismos estatales y paraestatales. Porque nosotros estamos haciendo —lo podemos decir sin jactancia— en este primer año de la liberación mucho más de lo que hicieron los otros gobiernos. Pero además, mucho más de lo que hizo eso que pomposamente se llama la "libre empresa". Y por eso como gobierno tenemos derecho a decir que la industrialización de Cuba, que es consecuencia directa de la reforma agraria, se hará por y bajo la orientación del gobierno revolucionario, [*aplausos continuados*] que la empresa privada tendrá, naturalmente, una parte considerable en esta etapa de crecimiento del país. Pero quien sentará las pautas será el gobierno, y lo será por méritos propios. [*Aplausos*] Lo será porque levantó esa bandera respondiendo quizás al impulso más íntimo de las masas, pero no respondiendo a la presión violenta de los sectores industriales del país. La industrialización y el esfuerzo que conlleva es hijo directo del gobierno revolucionario; por eso lo orientará y lo planificará.

De aquí han desaparecido para siempre los préstamos ruinosos del llamado Banco de Desarrollo, por ejemplo, que prestaba 16 millones a un industrial y éste ponía 400 mil pesos —y éstos son datos exactos— y esos 400 mil pesos no salían tampoco de su bolsillo; salían del 10 por ciento de la comisión que le daban los vendedores por la compra de las maquinarias. Y ese señor que ponía 400 mil pesos cuando el gobierno había puesto 16 millones era el dueño absoluto de esa empresa. Y como deudor del gobierno pagaba plazos cómodos y cuando le conviniera. El gobierno salió a la palestra y se niega a reconocer ese estado de cosas. Reclama para sí esa empresa que se ha formado con el dinero del pueblo. Y dice bien claro que si la "libre empresa" consiste en que algunos aprovechados gocen del dinero completo de la nación cubana, este gobierno está contra la "libre empresa", siempre que esté supeditada a una planificación estatal.

Y como hemos entrado ya en este escabroso terreno de la planificación, nadie más que el gobierno revolucionario —que planifica el desarrollo industrial del país de una punta a la otra— tiene derecho a fijar las características y la cantidad de los técnicos que necesitará en un futuro para llenar las necesidades de esta nación. Y por lo menos debe oírse al gobierno revolucionario cuando dice que necesita nada más que determinado número de abogados o de médicos, pero que necesita 5 mil ingenieros y 15 mil técnicos industriales de todo tipo, [*aplausos continuados*] y hay que formarlos, hay que salir a buscarlos, porque es la garantía de nuestro desarrollo futuro.

Hoy estamos trabajando con todo el esfuerzo por hacer de Cuba una Cuba distinta. Pero este profesor de pedagogía que está aquí no se engaña y sabe que de profesor de pedagogía tiene tanto como de presidente del Banco Central, y que si tiene que realizar una u otra tarea es porque las necesidades del pueblo se lo demandan. Y eso no se hace sin sufrimiento mismo para el pueblo, porque hay que aprender en cada caso. Hay que trabajar aprendiendo, hay que hacer borrar al pueblo el error, porque uno está en un puesto nuevo, y no es infalible, y no nació sabiendo.

Y como este profesor que está aquí fue un día médico y por imperio de las circunstancias tuvo que tomar el fusil, y se graduó después de dos años como comandante guerrillero, y se tendrá luego que graduar de presidente de banco o director de la industrialización del país, o aún quizás de profesor de pedagogía, [*aplausos*] quiere este médico, comandante, presidente y profesor de pedagogía que se prepare la juventud estudiosa del país, para que cada uno en el futuro inmediato tome el puesto que le sea asignado, y lo tome sin vacilaciones y sin necesidad de aprender por el camino. Pero también quiere este profesor que está aquí —hijo del pueblo, creado por el pueblo— que sea este mismo pueblo el que tenga derecho también a los beneficios de la enseñanza. Que se rompan los muros de la enseñanza. Que no sea la enseñanza simplemente el privilegio de los que tienen algún dinero, para poder hacer que sus hijos estudien. Que la enseñanza sea el pan de todos los días del pueblo de Cuba. [*Aplausos*]

Y es lógico; no se me ocurriría a mí exigir que los señores profesores o los señores alumnos actuales de la Universidad de Las Villas realizaran el milagro de hacer que las masas obreras y campesinas ingresaran en la universidad. Se necesita un largo camino, un proceso que todos ustedes han vivido, de largos años de estudios preparatorios. Lo que sí pretendo, amparado en esta pequeña historia de revolucionario y de comandante rebelde, es que comprendan los estudiantes de hoy de la Universidad de Las Villas que el estudio no es patrimonio de nadie, y que la casa de estudios donde ustedes realizan sus tareas no es patrimonio de nadie. Pertenece al pueblo entero de Cuba, y al pueblo se la darán o el pueblo la tomará. [*Aplausos*]

Y quisiera —porque inicié todo este ciclo en vaivenes de mi carrera como universitario, como miembro de la clase media, como médico que tenía los mismos horizontes, las mismas aspiraciones de la juventud que tendrán ustedes, y porque he cambiado en el curso de la lucha, y porque me he convencido de la necesidad imperiosa de la revolución y de la justicia inmensa de la causa del pueblo— por eso quisiera que ustedes, hoy dueños de la universidad, se la dieran al pueblo. No lo digo como amenaza para que mañana no se la tomen. No, lo digo simplemente porque sería un ejemplo más de los tantos bellos ejemplos que se están dando en Cuba, que los dueños de la universidad actual de Las Villas —los estudiantes— la dieran al pueblo a través de su gobierno revolucionario.

Y a los señores profesores, mis colegas, tengo que decirles algo parecido: Hay que pintarse de negro, de mulato, de obrero y de campesino. Hay que bajar al pueblo. Hay que vibrar con el pueblo, es decir, las necesidades todas de Cuba entera. Cuando esto se logre, nadie habrá perdido. Todos habremos ganado, y Cuba podrá seguir su marcha hacia el futuro con un paso más vigoroso. Y no tendrá necesidad de incluir en su claustro a este médico, comandante, presidente de banco y hoy profesor de pedagogía que se despide de todos. [*Ovación*]

El papel de la universidad en el desarrollo económico de Cuba

En la Universidad de La Habana
2 de marzo de 1960

Siglos de explotación colonial, sumados a décadas de saqueo imperialista, habían atrofiado el desarrollo de la agricultura y la industria en Cuba, así como en el resto de Latinoamérica, en Africa y en la mayor parte de Asia. El capital norteamericano le había impuesto a la isla una economía prácticamente de monocultivo: la caña de azúcar. Cuba estaba comprometida por acuerdos a suministrar a los monopolios yanquis lo que equivalía a más de un tercio del azúcar del mercado interno estadounidense. Al mismo tiempo, Cuba estaba excluida del acceso a otros compradores de su producto y dependía enormemente de la importación de productos industriales y hasta de alimentos de Estados Unidos.

Cómo organizar a los trabajadores, campesinos y jóvenes cubanos para trazar un camino que los librara de esta subyugación: éste fue el tema del discurso, reproducido a continuación, que Ernesto Che Guevara pronunció en la Universidad de La Habana en marzo de 1960, y que se transmitió por televisión a toda Cuba. En esos momentos la Cámara de Representantes norteamericana debatía un proyecto de ley, presentada al Congreso por el presidente norteamericano Eisenhower, para autorizarle a Washington la reducción de la cuota de azúcar cubana. El 3 de julio se aprobó la ley y tres días más tarde Eisenhower recortó la cuota.

Anticipando las acciones de Washington, el gobierno revolucionario estaba negociando acuerdos comerciales con otros países. Entre otros, suscribió a mediados de febrero un convenio de cinco años con la Unión Soviética, que estipulaba la compra anual de un millón de toneladas de azúcar así como préstamos de bajos intereses a Cuba.

Por su parte, el imperialismo estaba incrementando las acciones

ALMA MATER·

Arriba: Universidad de La Habana, julio de 1960. El tanque en el centro de la foto les fue capturado a las fuerzas batistianas por estudiantes universitarios. El cartel anuncia un baile revolucionario el 6 de agosto, en que se coronaría a la "reina de las milicias". **Abajo:** Che Guevara se dirige a los estudiantes en la Universidad de La Habana el 27 de noviembre de 1961.

"No creo que sea la educación la que modele a un país. Hemos demostrado incluso que no es así, rompiendo con nuestro ejército inculto una enorme serie de trabas y prejuicios. Pero tampoco es cierto que el proceso económico, solo, vaya a conferir a la educación una transformación".

de sabotaje y terror contrarrevolucionarios. Aviones partían desde Florida para bombardear las plantaciones y los centrales azucareros cubanos. Dos días después de este discurso, el buque *La Coubre* —que transportaba armamentos comprados en Bélgica con donativos hechos por el pueblo trabajador cubano para defender su revolución— estalló en el puerto de La Habana, causando la muerte de 81 personas. Al día siguiente, en una concentración de masas convocada para rendir honor a los caídos en la explosión, Fidel Castro proclamó el nuevo grito de combate de la revolución: "¡Patria o muerte!"

*

Mis queridos compañeros:

Antes de empezar a desarrollar el tema de nuestra conversación de hoy, quiero prevenirles que no deben de creer demasiado las palabras del señor Naranjo —creo que se llama así el que me presentara— y ponerme en mi lugar de modesto revolucionario y de estudiante de primer año. [*Aplausos*] Yo soy estudiante de primer año de finanzas en la Universidad de la Revolución. [*Aplausos*]

Simplemente amparado en ese título un poco ambiguo de revolucionario, y en el título común que nos hermana de estudiante, es que he venido a charlar con ustedes.

Pensaba que podría ser un poquito más informal esta charla, con preguntas y respuestas, con debates incluso, pero las condiciones especiales de trasmitirse a todo el país, la televisión, etcétera, harán que tenga que ser algo más ordenado en la exposición del tema que quería desarrollar. Porque a mí personalmente me preocupa y creo que ha de ser preocupación de muchos de ustedes.

Aproximadamente, podría decirse que el título es: "El papel de la universidad en el desarrollo económico de Cuba", porque nosotros estamos iniciando una etapa nueva en el orden económico.

Hemos conseguido todas las cualidades necesarias en el orden político para poder iniciar esta reforma económica y hemos dado el primer paso en eso, cambiando la estructura de la tenencia de la tierra en nuestro país. Es decir, hemos iniciado —como se deben iniciar estos procesos de desarrollo— con la reforma agraria.

Pero para saber cuál va a ser ese proceso, es necesario que nos situemos históricamente y económicamente. Si iniciamos el proceso de desarrollo, quiere decir que no estamos desarrollados. Seremos subdesarrollados, semicoloniales, semiindustrializados —como quieren los más optimistas— o el nombre que ustedes quieran. Pero debemos fundamentalmente estudiar cuáles son las características de ese régimen que nos convierte en país subdesarrollado y las medidas que nos permitirán salir de esa situación.

Naturalmente que la primer característica de un país subdesarrollado es la de no tener industrias, depender para el suministro de sus artículos manufacturados del extranjero. Y Cuba cumple a cabalidad con esa primera premisa para ser un país subdesarrollado.

¿Por qué razón ha habido durante años una apariencia de prosperidad en Cuba, siendo como somos absolutamente un país semicolonial? Sencillamente porque las cualidades climáticas excepcionales de Cuba y el desarrollo acelerado de una sola industria, la industria azucarera, nos colocó en situación de competir en el mercado mundial a niveles óptimos de productividad en esa sola industria: la industria azucarera. Los capitales norteamericanos, que violaron las leyes que expresamente ellos se dieran, fueron los que impulsaron el desarrollo de la industria azucarera.

Hay una vieja ley de la época del gobierno norteamericano en Cuba que prohibía a todo norteamericano poseer tierras en la isla. Así expresa la ley. A pesar de eso rápidamente se violó. No pudo prosperar la ponencia de [Manuel] Sanguily para que se impidiera tener tierra a los extranjeros, y poco a poco se fueron posesionando de los latifundios cañeros y creando esta poderosa industria de 161 centrales, seis millones de toneladas anuales y una productividad a niveles competitivos en el mercado mundial. Pero se cuidaron mucho de que Cuba mantuviera otra de las cualidades esenciales de los países semicoloniales: la de ser monoproductor, la de depender única y exclusivamente de un producto para la obtención de sus divisas con las cuales adquirir todos los bienes de consumo en el mercado extranjero.

Nos dieron el aparente regalo de un precio mayor en el azúcar y nos impusieron en una economía libre, regida solamente por la ley de la oferta y la demanda, y por un arancel bajo, unos aranceles preferenciales para el producto manufacturado norteamericano, que hacían imposible la competencia a industriales criollos en el país o a productos manufacturados de otra procedencia que no fuera la norteamericana.

Y esa dependencia económica tan marcada se tradujo desde los inicios de la nacionalidad en una dependencia política casi absoluta, aún después de la Enmienda Platt.[1] Esa situación política se liquidó el primero de enero de 1959. E inmediatamente surgieron los primeros rozamientos y dificultades con el "gigante del norte". Rozamientos lógicos, si se ve que uno de los países acostumbrados a un trato preferencial veía de pronto que esta pequeña "colonia" del Caribe irreverentemente pretendía hablar el único lenguaje que puede hablar una revolución: el lenguaje del trato igualitario.

Al principio, el enorme Tío Sam aparecía en las caricaturas mirando entre divertido y asombrado a un pequeño enano barbudo que pretendía darle una patada en las piernas, porque no llegaba más lejos de altura. [*Aplausos*] La dimensión del enano barbudo ha ido creciendo hasta adquirir proporciones americanas y ser presencia viva, en este momento, en la jira de los poseedores del dinero de América. [*Aplausos*] Y cada vez que un pueblo pretende expresar su descontento y su inconformidad contra la expoliación, levanta la bandera querida para nosotros del retrato de Fidel Castro. [*Aplausos*]

Hemos llegado, pues, al lugar más alto de la América irredenta en cuanto a proyecciones políticas se refiere. Somos sin discusión de ninguna clase —le guste o no le guste a los grandes países de América— los líderes del pueblo. [*Aplausos*] Representamos para los amos poderosos todo lo que hay de absurdo, de negativo, de irreverente y de convulso en esta América que ellos desprecian. Pero

---

1. Ver notas de glosario: Enmienda Platt.

representamos por el otro lado, para la gran masa del pueblo americano, del americano nuestro,[2] del que empieza al sur del Río Bravo, todo lo que hay de noble, [*aplausos*] todo lo que hay de sincero y de combativo en estos pueblos llamados despectivamente "mestizos".

Pero nosotros sabemos perfectamente bien que nuestro desarrollo político no ha alcanzado —es decir, ha superado en mucho— a nuestro desarrollo económico. Y por eso es que pueden surtir efecto esas tentativas de agresión económica que están fraguándose en la Cámara de Representantes de los Estados Unidos, porque dependemos de un producto y de un mercado. Y cuando luchamos con todas nuestras fuerzas por librarnos de esa dependencia y firmamos un acuerdo de un millón de toneladas y un crédito de cien millones de dólares, o de pesos, con la Unión de Repúblicas Socialistas Soviéticas, [*aplausos*] saltan los representantes de la colonia a sembrar la confusión. Tratan de demostrar que vendiendo a otro país nos esclavizamos. Y no se han parado nunca a analizar qué cantidad de esclavitud significó y significa para el pueblo de Cuba los tres millones de toneladas de nuestro azúcar que habitualmente vendemos a precios supuestamente preferenciales al "gigante del Norte".

Tenemos que desarrollar en este momento una lucha económica por diversificar nuestros mercados y diversificar nuestra producción, y una lucha política de esclarecimiento del pueblo para demostrar en todo momento por qué razón la Revolución Cubana ha ido a buscar nuevos mercados. Y también podemos mostrar en la historia de estas leyes que se están fraguando ahora en esa Cámara

---

2. El término "Nuestra América" lo usó por primera vez el héroe nacional cubano José Martí al explicar que la lucha por la independencia de Cuba se enmarcaba en una lucha más amplia contra el dominio imperialista norteamericano sobre toda América Latina. El Río Bravo, conocido comúnmente en Estados Unidos como Río Grande, forma la actual frontera entre México y el estado norteamericano de Texas. Desde aquí hasta la Patagonia, en el extremo sur del continente, concebía Martí "Nuestra América".

de Representantes la razón histórica que teníamos en anteponernos a la agresión que se estaba fraguando, y tratar de liberar rápidamente nuestros azúcares en otros mercados diferentes.

Pero no he venido exclusivamente a hablar de azúcar. Hubiera querido no tener siquiera que hablar de azúcar, porque lo que estamos tratando es de que el azúcar sea uno más de los tantos y tantos productos cubanos producidos por manos cubanas, en fábricas cubanas, para intercambiar en todos los mercados del mundo. [*Aplausos*] Y en esta parte, y a esta altura, es cuando adquiere vigencia y toda su real importancia el papel de la técnica y de la cultura en el desarrollo; es decir, el papel de nuestros centros educativos en el desarrollo futuro de nuestra nación.

No creo que sea la educación la que modele a un país. Y hemos demostrado incluso que no es así, rompiendo con nuestro ejército inculto una enorme serie de trabas y prejuicios. Pero tampoco es cierto que el proceso económico, solo, vaya a conferir a la educación, por el solo efecto de una transformación económica, una transformación a ese nivel. La educación y el desarrollo económico están constantemente actuando entre sí y configurándose plenamente. Y si pudimos nosotros cambiar completamente el panorama de la nación en los niveles económicos, mantenemos hoy, sin embargo, la misma estructura universitaria. Y ya empieza el problema a golpear las puertas de lo práctico; es decir, por ejemplo, las puertas del Instituto Nacional de Reforma Agraria [INRA].

Nosotros de un plumazo liberamos nuestro petróleo; se convirtió en cubano. [*Aplausos*] Dimos el paso fundamental para liberar nuestra minería y convertirla en cubana.[3] [*Aplausos*] Iniciamos un proceso de desarrollo que abarca seis ramas importantísimas y bá-

---

3. El 27 de octubre de 1959, el gobierno revolucionario promulgó una ley para regir la extracción de las reservas minerales y petrolíferas, la cual afirmaba la soberanía cubana de su subsuelo. Bajo esta ley, se le dio al gobierno la autoridad de exigir que toda mina o refinería declarada esencial al interés nacional se mantuviera produciendo. La negativa de cumplir dicha condición le daba al gobierno el derecho de intervenirla.

sicas de la producción, como son: la química pesada, la química orgánica a partir de los hidrocarburos de la caña de azúcar, la minería, los combustibles, la metalurgia en general y particularmente la siderurgia, y los productos derivados de nuestro desarrollo agropecuario intensivo. Pero hemos visto la triste realidad de que la preparación que dan las universidades del país no es la adecuada, ni en orientación ni en cantidad, para las nuevas necesidades de la revolución.

Todavía el otro día, me preguntaba el compañero [Angel] Quevedo en una carta mi opinión sobre si debía o no debía haber una escuela de economistas en la Universidad de La Habana. Y cuando, para contestar eso, hay nada más que el camino de hacer un análisis de los economistas que trabajan en este momento en los órganos de planificación del estado, la respuesta surge inmediatamente, y casi agresivamente. Cuando nosotros no tenemos sino chilenos, mexicanos, argentinos, venezolanos, peruanos o cualquier otro de los compatriotas de América como asesores económicos —ya sea enviados por la CEPAL [Comisión Económica para América Latina] o el INRA— e incluso nuestro ministro de economía [Regino Boti] ha sido formado en universidades extranjeras, sencillamente la pregunta de si hace falta o no hace falta una escuela de economía es obvia. Hace una falta enorme, y con profesores calificados, y además con profesores capaces de interpretar el ritmo y la dirección del desarrollo de nuestra economía, que es como decir el ritmo y desarrollo de nuestra revolución.

Ese es uno de los ejemplos. ¿Pero si hay ingenieros de minas, si hay ingenieros de petróleo, el que se pueda contar con ingenieros químicos que conozcan la verdad, por haber practicado aquí las bases de una ciencia química? Porque resulta que en cada una de esas seis ramas básicas de nuestra industria adonde el gobierno tiene que ir a desarrollar su impulso y a dar una tónica nueva y superdinámica, nos falta el brazo ejecutor que es el técnico —y conste bien que no digo ni siquiera el técnico revolucionario, que sería el ideal— simplemente el técnico, de cualquier categoría y estructura mental que tenga, por muchas trabas ideológicas, por muchas rémoras del pasado que pudiera tener. Ni siquiera ese técnico a secas, que sería como una tierna losa en el camino de la revolución, ni siquiera eso tenemos.

Pero además, en un momento en que a los estudiantes de todo tipo debe dársele la mayor cantidad de facilidades para que cumplan su cometido y para que lleguen al final de su carrera, nos encontramos con que el simple traslado de Santa Clara a La Habana significa para un estudiante la ruptura de su ciclo de estudios. Porque en este pequeño país todavía no se han puesto de acuerdo tres universidades para establecer, al menos, un programa de acción común.

Y si el gobierno está dando pasos que sabe bien adónde lo conducen, y el pueblo entero está apoyando los pasos que da el gobierno, y ustedes están maniobrando para defender con sus cuerpos y con su sangre la revolución que es hoy orgullo de América, ¿por qué razón la universidad no puede marchar junto con las otras universidades en el mismo camino y al mismo ritmo que el gobierno revolucionario? [*Aplausos*]

No quiero venir a provocar polémicas frente a las cámaras. Quiero simplemente dar el toque de atención para que se piense una vez más: no puede haber dualidad de principios y no puede haber en la juventud estudiosa dualidad de criterios. Quien está dispuesto a dar su vida para defender la revolución, debe estar dispuesto a acoplarse a la acción de la revolución, [*aplausos*] y mucho más fácil, porque —digan lo que digan— es mucho más fácil adaptarse a un criterio que dar la vida por un ideal.

Es por eso por lo que la universidad adquiere en este momento su importancia extraordinaria. Y también se convierte en cierta manera —aunque formada por individuos que apoyan en su mayoría este gobierno— en un potencial factor de retraso de la revolución. Hoy no teméis; hoy todas son rosas. Pero llegará el día de mañana, o de pasado, en que la falta de técnicos impida definitivamente establecer una industria, y haya que posponerla dos, tres, cinco o quién sabe cuántos años.

Y en ese momento preciso se verá cuán importante ha sido ese factor de atraso, de una universidad que no ha puesto sus aulas al nivel exigido por la revolución, que es el pueblo.

¿Pero es esto un hecho fatal? ¿Y es fatal que en un plazo determinado deban transformarse las universidades en factores de atraso, es decir, casi en focos de contrarrevolución? Yo me niego a creerlo, con toda la fuerza de mi convicción revolucionaria, porque lo único que hace falta —absolutamente lo único— es coordinación. Nada más que esa pequeña palabra, que se ha convertido en centro de los afanes de todos los institutos dependientes del gobierno, debe ser también objeto de la atención de los compañeros estudiantes. Coordinación entre los estudiantes de la Universidad de La Habana y los estudiantes de las universidades de Las Villas y de Oriente. Coordinación entre los programas de estudios de estas tres universidades y los programas de estudios de los institutos y colegios secundarios que vayan a nutrir con sus contingentes las universidades. Y coordinación entre todos estos planteles estudiantiles y el gobierno revolucionario. Coordinación para que sepan en un momento determinado los estudiantes que, de acuerdo con los planes de desarrollo del gobierno, se necesitarán en un futuro cien ingenieros químicos, pongamos por caso, y se vayan a tomar las medidas necesarias para adaptar la enseñanza a esos cien ingenieros químicos que hacen falta. Coordinación para que no haya un exceso de colegas míos, de médicos, que vegeten en puestos burocráticos sin cumplir la gran función social de la medicina y atendiendo sólo a la lucha por la vida. Coordinación para que las viejas carreras llamadas humanistas sean reducidas en la medida en que son necesarias, solamente, para el desarrollo cultural de un país, y esa masa estudiantil se vuelque hacia las nuevas carreras que la técnica está mostrando día a día y cuya falta de hoy se notará profundamente el día de mañana.

Eso es todo el secreto del triunfo o el fracaso —no digamos el fracaso— el fracaso relativo, el fracaso en cumplir el plan más acelerado posible del gobierno revolucionario. [*Aplausos*]

Nosotros estamos en este momento de acuerdo con técnicos de organismos internacionales, y de acuerdo con los técnicos del Mi-

Che Guevara habla ante el Primer Congreso Latinoamericano de Juventudes en La Habana, 28 de julio de 1960.

"Esta revolución, en caso de ser marxista, lo es porque descubrió, por sus métodos, los caminos que señalara Marx".

JOSEPH HANSEN / MILITANT

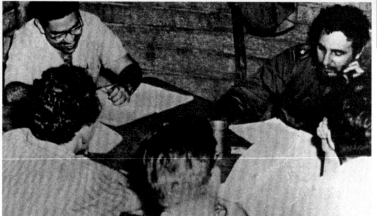

OFICINA DE ASUNTOS HISTÓRICOS DEL CONSEJO DE ESTADO

La primera Ley de Reforma Agraria expropió los terrenos de más de 400 hectáreas, entre ellos las gigantescas plantaciones de la United Fruit y otras empresas norteamericanas. Unas 100 mil familias campesinas recibieron títulos de propiedad de las tierras que trabajaban. **Arriba:** Milicianos campesinos marchan en La Habana, abril de 1960.
Abajo: Fidel Castro se apresta a firmar la Ley de Reforma Agraria, 17 de mayo de 1959.

"¿Qué capital se necesita para iniciar una reforma agraria? Ninguno. El único capital necesario es un pueblo armado, consciente de sus derechos".

"Las formas del capitalismo que hemos conocido, y en las cuales nos hemos creado y bajo las cuales hemos sufrido, están siendo derrotadas".

FOTOS: BOHEMIA

En julio de 1960 Washington anunció su decisión de reducir la cantidad previamente pactada de azúcar importada de Cuba. En agosto, el gobierno revolucionario respondió a este ataque expropiando las propiedades de empresas norteamericanas en Cuba. **Arriba:** Trabajadores cubanos ocupan la refinería Texaco y arrían la bandera norteamericana. **Abajo:** Participantes del Congreso Latinoamericano de Juventudes se suman a la Semana de Júbilo Popular Cubano en La Habana para celebrar las nacionalizaciones. Trabajadores cargan ataúdes con los restos simbólicos de las empresas norteamericanas y marchan hacia el Malecón para tirarlos al mar.

La Revolución Cubana fue parte de una creciente ola de luchas antiimperialistas. Inspiró a una nueva generación de trabajadores y jóvenes por todo el mundo, incluidos aquellos que luchaban contra la segregación racista en Estados Unidos. **Arriba:** Luchadores por los derechos de los negros desafían ataques policiacos en Birmingham, Alabama, 1963. **Izquierda:** Estudiantes que ocupan una escuela secundaria en París acogen manifestación de trabajadores durante semanas de acciones de masas contra el gobierno, mayo-junio de 1968. **Página opuesta, de arriba hacia abajo:** Manifestación contra la guerra de Vietnam, Nueva York, 1967. Panameños reivindican soberanía sobre su canal, noviembre de 1959. Manifestación en Argel contra la dominación colonial francesa, 1960. Después de ocho años de lucha revolucionaria el pueblo argelino conquistó la independencia en 1962.

BOB ADELMAN

"Somos un
espejo para
que se miren
en él
los pueblos
del mundo
oprimido que
luchan por
su libertad".

"El Joven Comunista no puede estar limitado por las fronteras de un territorio. Debe practicar el internacionalismo proletario y sentirlo como cosa propia".

FOTOS: JUVENTUD REBELDE

Desde los primeros años de la revolución, voluntarios internacionalistas cubanos han prestado ayuda a luchas del pueblo trabajador en todo el mundo. **Página opuesta, arriba:** Che Guevara (tercero de la derecha) y otros voluntarios cubanos se entrenan antes de partir a Bolivia, 1966. **Página opuesta, abajo:** Maestra cubana en escuela cerca de Puerto Cabezas, Nicaragua, 1985. Tras el triunfo de la revolución sandinista en 1979, Cuba envió dos mil maestros a Nicaragua. Cuando contrarrevolucionarios asesinaron a dos maestros cubanos en 1981, cien mil personas en Cuba se ofrecieron a sustituirlos. **Esta página, arriba:** Unidad de artillería antiaérea de cubanas, Angola, 1988. La ayuda cubana fue decisiva en la derrota de la agresión del régimen del apartheid. **Esta página, abajo:** Médico voluntario cubano cruza río en Guatemala después del huracán Mitch en 1998.

"Los Jóvenes Comunistas deben ser los primeros en el trabajo, los primeros en el estudio, los primeros en la defensa del país".

RAÚL CORRALES

LIBORIO NOVAL

JUVENTUD REBELDE

Página opuesta: En víspera de la invasión a Playa Girón en abril de 1961, una unidad antiaérea cubana aprende a identificar aviones norteamericanos. **Esta página, arriba:** En "concentración de los lápices" en La Habana, se celebra el cumplimiento exitoso de la Campaña de Alfabetización el 22 de diciembre de 1961. Durante un año, unos 100 mil jóvenes se extendieron por toda Cuba para enseñar a leer y escribir a casi un millón de campesinos y trabajadores, prácticamente eliminando el analfabetismo. **Esta página, abajo:** Miembros de la Unión de Jóvenes Comunistas se suman a una brigada de trabajo voluntario en La Habana para reparar viviendas, 1992.

WILFREDO OJEDA / BOHEMIA

DAG TIRSEN / PERSPECTIVA MUNDIAL

Esta página, arriba: Jóvenes cubanos se manifiestan en el Malecón de La Habana, 6 de agosto de 1994, en apoyo a la revolución y en respuesta a acciones antisociales y secuestros de embarcaciones para la emigración fuera de las vías legales, alentada por Washington. **Esta página, abajo:** Estudiantes en Estocolmo, Suecia, condenan ataques a la educación, febrero de 1995. En el cartel se lee: "Queremos poder continuar nuestros estudios hasta la educación superior. Somos el futuro".
Página opuesta, arriba: Concentración a favor de la independencia de Puerto Rico, en Guánica, Puerto Rico, 25 de julio de 1998. **Página opuesta abajo:** Huelguistas en línea de piquetes contra planta procesadora de pollos en Corydon, Indiana, 1999.

"No hay que confundir lo que
la juventud de todo el mundo tiene
de alegre, de fresco, de espontáneo,
con la superficialidad".

Arriba: Participantes del Intercambio Juvenil Estados Unidos–Cuba debaten luchas en común durante reunión en Guantánamo, Cuba, 1996. **Abajo:** Kenia Serrano (derecha), entonces secretaria de relaciones internacionales de la Federación Estudiantil Universitaria en Cuba, habla con obreros automotrices en huelga contra la Caterpillar en York, Pennsylvania, durante gira de conferencias por Estados Unidos en 1995.

"Así debe estar siempre nuestra juventud: libre, discutiendo, intercambiando ideas, preocupada por lo que pasa en el mundo entero".

nisterio de Educación, estudiando las bases para institutos tecnológicos que den una base media, digamos, científica. Eso ayudará mucho a nuestro desarrollo. Pero nunca un país podrá llamarse realmente desarrollado hasta que no pueda hacer todos sus planes y construir la mayoría de los productos necesarios para su subsistencia dentro de sus propias fronteras. La técnica nos permitirá construir cualquier cosa, pero el cómo construir, el ver más allá del presente, es tarea de los planificadores. Y eso debe estudiarse en institutos universitarios de categoría con una amplia base cultural, para que realmente los productos de esa nueva universidad que todos soñamos puedan responder al llamado de la Cuba de diez o quince años adelante.

Hoy se ve ya en muchos puestos una serie de doctores, una serie de graduados, cumpliendo tareas burocráticas. El desarrollo económico ha levantado el dedo y ha dicho: hasta aquí el exceso de profesionales que podrán consumir en determinadas ramas del saber. Pero las universidades han estado ciegas ante la admonición del proceso económico y han continuado vertiendo esa clase profesional fuera de las aulas. Tenemos que volver hacia atrás nuestros pasos, estudiar profundamente las características del desarrollo y dar entonces los nuevos profesionales.

Alguien me decía una vez que el profesional era producto de la vocación, que era algo interno y que no se podía torcer esa vocación.

En primer lugar, creo que es falsa esa postura. Yo no creo que un ejemplo individual, hablando estadísticamente, tenga importancia ninguna. Pero inicié mi carrera estudiando ingeniería; acabé siendo médico. Después he sido comandante, y ahora me ven de disertador. [*Aplausos*] Hay vocaciones básicas; es cierto que hay vocaciones básicas. Pero es que las ramas de las ciencias están hoy tan enormemente diferenciadas, por un extremo, y tan íntimamente unidas, por el otro, que es difícil que nadie pueda precisar en los albores de su desarrollo intelectual cuál es su verdadera vocación. Saldrá alguno que querrá ser cirujano y lo será, y toda su vida estará contento siendo cirujano. Pero junto a ése habrán noventa y nueve más que serán cirujanos, como podrán haber sido médicos de piel, siquiatras o administradores de hospitales, según las condiciones de una sociedad extremadamente rigurosa que lo permitiera. La vocación no puede ser sino una parte —y una parte ínfima— en cuanto a la distribución de las nuevas carreras a crearse y en cuanto a la reorientación de las carreras ya conocidas. No puede ser, porque contra ellas se elevan causas —que he dicho— de las exigencias enormes de una sociedad; y además porque hoy por hoy, cientos y miles, y quizás cientos de miles de cubanos han tenido vocación de ser médicos o ingenieros o arquitectos, o tener cualquier carrera y no han podido serlo, sencillamente, porque no se podían pagar los estudios. Es decir, que dentro de las características individuales, la vocación no juega un papel determinante.

Insisto, porque dentro de las características de este mundo moderno, donde un especialista de riñón —para hablar de una profesión que yo conozco— está divorciado a veces de un oculista, o de un ortopédico, por un extremo, pero al mismo tiempo esos tres profesionales, como el químico o el físico, van a estudiar para comprender los fenómenos de la materia por medio de una serie de elementos que son comunes para todos ellos. Y va a hablarse hoy de físico-química ya, y no de física o de química, como quizás todavía se esté hablando en los colegios secundarios, y como a mí me tocó aprender. Para conocer bien la física y la química es necesario conocer las matemáticas. Y así en el otro extremo todas las carreras están unidas en un haz de conocimientos mínimos necesarios que debe tener el estudiante. ¿Por qué, entonces, suponer que un compañero nuestro ingresa hoy a primer año en una universidad y ya sepa que al final de esos siete años —o seis, o cinco, lo que le toque— después de una ardua carrera donde va a adquirir conocimientos insospechados, siquiera, va a ser ya ortopédico, o va a ser abogado, especialista en criminología. [*Aplausos*]

Creo que se debe constantemente pensar en función de masas y no en función de individuos, sin creer que nosotros somos otra cosa que individuos y celosos defensores de nuestra individualidad y capaces de mantener nuestro criterio una y mil veces en cuantos menesteres fueren necesarios para hacer un análisis y un cálculo de las necesidades de un país. Es criminal pensar en individuos, porque las necesidades del individuo quedan absolutamente desleídas frente a las necesidades del conglomerado humano de todos los compatriotas de ese individuo. [*Aplausos*]

Sinceramente, hubiera querido traer ante ustedes, compañeros estudiantes, una serie de cifras y de datos que mostraran el divorcio que existe entre la universidad y las necesidades de la revolución en el momento actual. Desgraciadamente, nuestras estadísticas han funcionado muy mal y no tenemos tampoco estadísticos aquí. Recién ahora se están organizando, y no pude traer ante ustedes —mentes acostumbradas a los problemas prácticos y palpables— la convicción de los números. Queda eso para alguna otra vez, si es que tienen la paciencia de esta noche. Y por hoy me sentiría satisfecho si después de estas palabras, no ya conmigo pero entre ustedes, discuten el problema de la universidad, y lo discuten con sus profesores y lo discuten con sus compañeros de las universidades de Oriente y de Las Villas y lo discuten también con el gobierno, que es discutirlo con el pueblo. [*Aplausos*]

Che Guevara habla en encuentro internacional de estudiantes de arquitectura en La Habana, 29 de septiembre de 1963.

"En este mural, el arma que está ahí es un M-1 norteamericano. Esa arma en manos de los soldados batistianos era muy fea. Pero adquiría una extraordinaria belleza cuando la incorporábamos al ejército del pueblo".

No olviden que la técnica es un arma
En la clausura del Primer Encuentro Internacional
de Estudiantes de Arquitectura
29 de septiembre de 1963

El Primer Encuentro Internacional de Estudiantes y Profesores de Arquitectura se realizó del 27 al 29 de septiembre de 1963, en la víspera del Séptimo Congreso de la Unión Internacional de Arquitectos celebrado en La Habana.

La plenaria de clausura al encuentro de estudiantes y profesores, en la cual habló Ernesto Che Guevara, aprobó varias resoluciones, entre ellas una condena de Washington por haber instruido de cargos el 27 de septiembre a cuatro jóvenes norteamericanos por "conspirar" para viajar a Cuba. Tres de los jóvenes estaban entre las 58 personas que ese verano habían visitado la isla desafiando la prohibición de viajar a Cuba impuesta por la administración del presidente norteamericano John F. Kennedy. Después de una batalla de cuatro años contra esa medida antidemocrática, la Corte Suprema de Estados Unidos declaró en 1967 que dicha prohibición era inconstitucional.

Otra resolución llamaba a la "participación activa" de los estudiantes universitarios en sus países respectivos "en las luchas por las transformaciones de fondo que encabezan las masas populares". La verdadera independencia, declaraba el documento, sólo se podría conquistar mediante una "lucha contra el imperialismo —encabezado por el imperialismo yanqui— y contra el colonialismo" y requeriría "la sustitución de la estructura económico-social caduca por otra que se adecua a los intereses de todo el pueblo trabajador, como muestra el ejemplo de Cuba" y su revolución.

Cuando ya concluía el congreso de la Unión Internacional de Arquitectos, el gobierno revolucionario promulgó la segunda importante ley de reforma agraria, que confiscaba las tierras en exceso de cinco caballerías (65 hectáreas, ó 165 acres). Esta medida afectó a 10 mil agricultores capitalistas que poseían el 20 por ciento de la tierra cultivable en Cuba y que constituían una importante base para las actividades contrarrevolucionarias organizadas por Washington. Con esta medida se armonizaron las relaciones de propiedad en el campo con la propiedad estatal sobre la industria en Cuba, cimentando la alianza de trabajadores y campesinos, columna vertebral del régimen revolucionario desde sus primeros días.

*

Compañeros estudiantes y profesores de arquitectura del mundo entero:

Me toca hacer el resumen —como se llama en Cuba— o cerrar con unas palabras este Encuentro Internacional de Estudiantes.

Tengo que hacer una conclusión muy penosa para mí, como primera medida: confesar una ignorancia atroz sobre estos problemas, ignorancia que llega al extremo de no saber que el Encuentro Internacional de Estudiantes que se celebró era apolítico. Yo creía que era un encuentro de estudiantes, y no sabía que era un organismo dependiente de la Unión Internacional de Arquitectos.

Por lo tanto, como políticos, es decir, como estudiantes que participan en la vida activa del país y, además, después de leer las conclusiones —donde se demuestra que la ignorancia era colectiva, porque las conclusiones son muy políticas también [*risas y aplausos*]— bueno, pues yo pensaba decir, en primer lugar, que estaba de acuerdo con las conclusiones, que me parecen conclusiones lógicas. No sólo revolucionarias sino científicas; científicas y revolucionarias al mismo tiempo. Y hacer un pequeño discurso, si ustedes quieren, un poco político. Pero realmente yo no sé si es el momento para hablar de cosas políticas. En todo caso, son ustedes los que deben decidir porque yo de técnica no sé mucho. [*Aplausos y aclamaciones afirmativas*]

Bien. Yo les digo que no se trata de demagogia barata ni de estar buscando la manera de eludir los reglamentos. Yo no conocía los reglamentos y sencillamente vine a hacer un resumen en mi calidad de político; político de nuevo cuño o político del pueblo, pero político por mis funciones. Y además impresionado porque han sido aprobadas, creo que por muy amplia mayoría, unas conclusiones con las cuales estoy de acuerdo en su inmensa mayoría, y que fijan el papel del estudiante y el papel del técnico en la sociedad.

Yo me asombré un poco de esas conclusiones, se lo digo sinceramente, porque el conglomerado de gente que nos visita pertenece a todos los países del mundo. Los países donde el socialismo se ha construido son pocos, numéricamente hablando, aunque en número de habitantes son fuertes.

Los países que están en lucha por su liberación, bajo diversos regímenes y en diversos momentos del desarrollo de su lucha, son muchos, pero tienen gobiernos diferentes también, y sobre todo sus capas profesionales no siempre responden a los mismos intereses. Los países capitalistas, naturalmente, tienen su propia ideología. Por todo ello, nos sorprendió el tono de esas discusiones.

Pensaba, un poco mecánicamente quizás, que en general el estudiantado de una gran cantidad de países capitalistas, coloniales y semicoloniales pertenece a aquellas capas de la población que por sus recursos no es el proletariado y que, por lo tanto, su ideología se aleja mucho de la ideología revolucionaria que nosotros sostenemos y mantenemos en Cuba.

Me había olvidado, no obstante, en mi mecanicismo, que también en Cuba existía una capa de estudiantes que por su extracción social no pertenecía al proletariado en su gran mayoría. Y, sin embargo, esa capa de estudiantes participó en todas las acciones revolucionarias de los últimos tiempos en Cuba. Ha dado algunos de los mártires más queridos por nuestro pueblo a la causa de la liberación. Y de sus mismos componentes se recibieron algunos, y otros todavía están en proceso de estudio, integrados y apoyando totalmente la Revolución Cubana.

Me había olvidado de que hay algo más importante que la clase social a que pertenezca el individuo en sí: la juventud, la frescura de ideales, la cultura que en el momento en que se sale de la adolescencia se pone al servicio de los ideales más puros.

Después, los mecanismos sociales en los diversos regímenes de opresión en que se vive pueden ir cambiando esta estructura mental. Pero el estudiantado en su gran mayoría es revolucionario. Tendrá más o menos conciencia de una revolución científica, sabrá de mejor o peor manera qué es lo que quiere y cómo lo quiere para su pueblo o para el mundo. Pero el estudiantado es naturalmente revolucionario, porque pertenece a la capa de los jóvenes que se abren a la vida y que están adquiriendo conocimientos nuevos todos los días.

En nuestro país ha sido así. Y a pesar de que se han ido evidentemente profesionales y estudiantes, hemos visto con mucha satisfacción —y a veces también con sorpresa— que una gran mayoría de estudiantes y de profesionales permaneció en Cuba, a pesar de todas las facilidades que tenía para irse y a pesar de todas las tentaciones que el imperialismo lanzaba sobre ella.

Y la razón es lógica: aún considerando que en los regímenes sociales de explotación los estudiantes no pueden elegir su carrera, seguir su real vocación íntima, siempre hay un punto de contacto entre la vocación del hombre y la carrera que sigue; y los casos de frustración son los menos. En general se sigue una carrera también influido por una serie de tendencias económicas, pero fundamentalmente porque esa carrera interesa.

En nuestro país, a los profesionales y a los estudiantes se les ha dado la oportunidad que realmente un profesional debe aspirar a tener: la oportunidad de tener todos los implementos de su trabajo para poder realizar su obra. Por primera vez en Cuba los profesionales se han sentido constructores reales de la sociedad, partícipes de esta sociedad, responsables de la sociedad. Dejaron de ser asalariados —más o menos escondidos tras las diversas formas de explotación, pero en su inmensa mayoría asalariados al fin— para la construcción de obras para otros, para interpretar los deseos y los criterios de otros, para estar siempre creando la riqueza de otros mediante su propio trabajo.

Claro que al principio las limitaciones han sido grandes. Nuestros científicos no pueden realizar las investigaciones que quieren.

A veces faltan colorantes, materias técnicas de cualquier tipo para realizar sus investigaciones. Nuestros arquitectos no pueden diseñar con todo el gusto y toda la belleza con que ellos saben hacerlo. Faltan materiales. Es necesario distribuir al máximo lo que hay para que aproveche más a los que no tienen nada. Es necesario en esta etapa redistribuir la riqueza para que todo el mundo tenga un poco.

Pero allí concretamente, en el ejercicio de la profesión que ustedes representan, se pone a prueba el espíritu creador del hombre. Está planteado el problema por los materiales que hay, por el servicio que deben prestar, pero la forma de solución es la que nuestros profesionales deben dar. Y allí deben batirse como si se batieran contra la naturaleza, contra medios externos a la voluntad del hombre, para poder realizar de la mejor manera posible el anhelo de dar más a nuestro pueblo y la satisfacción personal de construir con sus propias manos, con su talento, con sus conocimientos, la nueva sociedad.

Nuestra revolución se ha caracterizado por ser muy amplia. Los grandes problemas que otros países en construcción del socialismo han tenido con los profesionales y sus divergencias sobre el arte, nosotros no los hemos tenido. Hemos sido muy amplios.

No estamos de acuerdo con todo lo que mantienen nuestros profesionales o nuestros artistas. Muchas veces tenemos que discutir a brazo partido con ellos, pero hemos logrado que aun la gente que no es socialista, que no siente el socialismo y, más aún, que siente rencor contra el socialismo y añoranza por los viejos tiempos, se quede en Cuba, luche, discuta, trabaje y construya. Y de hecho, es prácticamente socialista, que es lo que nos interesa a nosotros. [*Risas*]

No hemos rehuido nunca la confrontación ni la discusión. Siempre hemos estado abiertos a discutir todas las ideas. Y lo único que no hemos permitido es el chantaje de las ideas, o el sabotaje de la revolución. Allí sí hemos sido absolutamente inflexibles, tan inflexibles como el que más.

Pero allí en cuestiones de principio, en nuestro país existe lo que científicamente se llama la dictadura del proletariado, y esa parte, la parte estatal de la dictadura del proletariado, nosotros no permitimos que se toque ni se atente contra ella. Pero dentro de la dictadura del proletariado puede existir un marco inmenso de discusión y de expresión de las ideas. Lo único que exigimos es que se respeten los lineamientos generales del estado en esta etapa de construcción del socialismo. Así hemos vivido.

Ha habido profesionales que han ido a la cárcel por tareas directamente contrarrevolucionarias, por sabotajes. Y aun esos profesionales, desde la cárcel, comenzaron a rehabilitarse y trabajaron primero allí. Y después al salir se han incorporado al trabajo en nuestras industrias, y están trabajando. Les depositamos toda la confianza que se le puede depositar a cualquier técnico nuestro. Y se incorporan a pesar de haber conocido la parte más dura y tenebrosa de la revolución, que es la represión, obligada en una revolución que triunfa. Porque al triunfar la revolución no se agota por ello la lucha de clases. Y en nuestro caso, después de triunfar la revolución se exacerbó al máximo esa lucha de clases.

Los sabotajes, los atentados —ustedes habrán visto que ayer nos saludaron con una bomba en pleno acto[1]— hicieron su manifestación de fuerza, su jolgorio contrarrevolucionario. Así ha sido siempre.

Pero a esa parte de la sociedad que toma las armas contra nosotros, ya sean las armas directas de destrucción o armas ideológicas para destruir la sociedad, la atacamos y somos inmisericordes. A los demás, los inconformes, los descontentos honestos, los que plantean que no son ni serán nunca socialistas, les decimos simplemente: "Bueno, a usted nadie le preguntó antes si era o no era capitalista; usted tenía un contrato y lo cumplía. Cumpla ahora su contrato, trabaje y tenga las ideas que le dé la gana; no nos metemos con sus ideas".

Así vamos construyendo, con muchos problemas, con muchos

---

1. El día anterior se escuchó una explosión durante el discurso de Fidel Castro ante una concentración de masas en La Habana, en el tercer aniversario de los Comités de Defensa de la Revolución.

saltos hacia atrás. No es el camino de la revolución el camino de los éxitos continuos, de los avances sostenidos, de los avances rítmicos. Hay momentos en que caemos en impases, en pérdida del empuje revolucionario, en desorientación. Tenemos que reagrupar las fuerzas, analizar los problemas, analizar los puntos en que estamos fallos y seguir adelante. Así se hacen las revoluciones, así se consolidan las revoluciones. Se empiezan a hacer como empezamos en el caso nuestro: un grupo de hombres apoyados por un pueblo en alguna zona útil para la lucha.

Ahora llegamos a este momento y me toca a mí hacer de teórico en algo que no sé. Pretenderé definir con mis escasos recursos qué entiendo yo por un arquitecto.

Creo que un arquitecto —como prácticamente todo profesional— es un hombre en quien se conjugan la cultura general de la humanidad, alcanzada hasta ese momento, y la técnica general de la humanidad o la especial de cada pueblo.

El arquitecto, como todo profesional, es un hombre y está dentro de la sociedad. Puede reunirse en organismos internacionales apolíticos —y es correcto que así sea— para mantener la convivencia y la coexistencia pacífica. Pero decir, como hombre, decir que se es apolítico es cosa que yo no entiendo.

Ser apolítico es estar de espaldas a todos los movimientos del mundo. Es estar de espaldas a quién va a ser presidente o mandatario de la nación de que se trate. Es estar de espaldas a la construcción de la sociedad o a la lucha porque la sociedad nueva que apunta no surja. Y en cualquiera de los dos casos se es político. Un hombre en la sociedad moderna es político por naturaleza.

Ahora, el arquitecto-hombre-político, conjunción de cultura de toda la humanidad que ha podido adquirir hasta ese momento y de la técnica que tiene, está frente a la realidad.

La cultura es algo que pertenece al mundo. Es quizás como el lenguaje, algo que pertenece a la especie humana. Pero la técnica es un arma y debe ser usada como un arma, y cada uno la usa como un arma.

Nosotros podemos mostrarles a ustedes en este mural, por ejemplo, el arma que está ahí. Es un M-1 norteamericano, un fusil Garand. Esa arma en manos de los soldados batistianos, cuando escupía metralla sobre nosotros, era muy fea. Pero adquiría una extraordinaria belleza cuando la conquistábamos, cuando se la quitábamos a un soldado, cuando la incorporábamos al ejército del pueblo. Y además se dignificaba en nuestras manos. Y sin cambiar absolutamente en nada su estructura ni su función de matar hombres, adquiría una nueva cualidad: la de luchar por la liberación de los pueblos.

La técnica es igual. La técnica se puede usar para domesticar a los pueblos, y se puede poner al servicio de los pueblos para liberarlos. [*Aplausos*] Esa es la conclusión que se desprende del documento que ustedes han aprobado.

Para poner el arma de la técnica al servicio de la sociedad, hay que tener la sociedad en la mano. Y para tener la sociedad en la mano hay que destruir los factores de opresión, hay que cambiar las condiciones sociales vigentes en algunos países y entregar a los técnicos de todo tipo, al pueblo, el arma de la técnica y esa función es de todos los que creemos en las necesidades de cambios en algunas regiones de la tierra.

No puede haber técnicos que piensen como revolucionarios y no actúen como revolucionarios. Hacer la revolución es una necesidad imperiosa de la mayoría de nuestros continentes, de casi toda la América, de toda Africa y de toda Asia, donde la explotación ha alcanzado grados inconcebibles.

Y quien pretenda decir que solamente un técnico, un arquitecto, un médico, un ingeniero, un científico de cualquier clase está para trabajar con sus instrumentos, solamente en su rama específica, mientras su pueblo muere de hambre, o se mata en la lucha, de hecho ha tomado partido por el otro bando. No es apolítico, es político, pero contrario a los movimientos de liberación.

Naturalmente que yo respeto las opiniones de todos los que están aquí presentes. Evidentemente que aquí habrá, incluso, compañeros jóvenes y muchos profesionales que piensan que el régimen socialista —lo que se conoce de él hasta ahora— es un régimen de opresión, de miseria, de mediocridad, como se dice vulgarmente y distribuye la propaganda, y que el hombre solamente alcanza su plena realización cuando existe la libre empresa, la libertad de pensamiento y todas las opiniones que el imperialismo nos lanza. Muchas de estas gentes piensan honestamente, y no es mi intención polemizar. No se puede polemizar sobre estos problemas. Han sido trabajados mucho tiempo, durante generaciones, por la educación colectiva que ha hecho el capitalismo para formar sus cuadros, y si no hubiera formado cuadros fieles a sus principios, ya hubiera fracasado.

El principio de su fracaso de hoy es que el mundo despierta, y que todas las viejas afirmaciones no son ahora aceptadas por el solo hecho de haber sido escritas desde hace tiempo. Sino que se exige la ratificación práctica de lo que se afirma, la investigación de lo que se afirma y el análisis científico de lo que afirma. Y de esa inquietud van naciendo las ideas revolucionarias y extendiéndose por el mundo cada vez más, apoyadas en los ejemplos de lo que puede hacer la técnica puesta al servicio del hombre, como ha sucedido en los países socialistas. Eso es lo que yo podía decirles.

Quisiera agregar algo para mis compañeros los estudiantes de Cuba. Como ya esto es un poco específico, un poco provinciano para ustedes, les ruego que sencillamente hagan como si no hubieran oído, si no les interesa el tema. Pero a nuestros estudiantes hay que atenderlos, y atenderlos todos los días.

Nuestra juventud ha nacido en medio de grandes conmociones. Este es un pueblo en el que hace pocos años los marineros norteamericanos hacían sus necesidades en la cabeza de nuestro apóstol [José] Martí,[2] y hoy es un pueblo enteramente erguido contra el

2. El 11 de marzo de 1949, varios miembros de la Marina de Guerra norteamericana fueron fotografiados mientras se trepaban a la estatua de José Martí en el Parque Central de La Habana y orinaban sobre ella. Al propagarse la noticia de la profanación del monumento, no tardaron en organizarse manifestaciones. Al día siguiente la Federación Estudiantil Universitaria dirigió una protesta frente a la embajada norteamericana. Entre los participantes figuraba el estudiante de derecho Fidel Castro, de 22 años de edad.

imperialismo norteamericano. Se ha producido un fenómeno extraordinario, de cambio total de la conciencia de las masas en pocos años de trabajo revolucionario. Pero como en todos los cambios súbitos y drásticos, no todo queda claro. Y no todo está claro en la mente de nuestros estudiantes. Y no está la mente de nuestros estudiantes como la de nuestro pueblo, exenta de una gran cantidad de dudas.

Por eso queríamos insistir una vez más, en este momento de lucha, en el que nosotros estamos directamente colocados contra el imperialismo yanqui, en que nos amenaza todos los días, en el que es patente su agresividad, en el que la tarea del estudiantado es más importante que nunca. Tiene que acelerar sus estudios para ser los verdaderos artífices de la sociedad nueva. Pero al mismo tiempo tiene que profundizar su conciencia con objeto de saber exactamente cómo y en qué forma se debe hacer esa sociedad, para no ser un mero constructor sin ideas sino poner sus manos, su cabeza, su corazón al servicio de la sociedad que nace. Y al mismo tiempo tiene que estar también con el fusil en la mano, porque la defensa de nuestra sociedad no es una tarea que deba recaer sobre los hombres de una u otra capa de la sociedad. La defensa de la Revolución Cubana es tarea continua de todos los cubanos en todos los momentos, en todas las trincheras.

La tarea de ustedes, compañeros estudiantes, es cumplir al máximo las indicaciones de Lenin: "Cada revolucionario debe ser en su lugar de trabajo, de lucha, el mejor". Y a ustedes les corresponde el lugar de lucha de la universidad, del estudio, la preparación urgente de nuestros profesionales para suplir las faltas que teníamos, las lagunas que nos dejó el imperialismo al llevarse nuestros cuadros, el atraso general del país, y construir aceleradamente la sociedad.

Esa es la tarea fundamental, tarea que por ser fundamental no es única. Porque nunca se puede dejar de lado el estudio consciente de la teoría. Y no se puede dejar de lado la posibilidad de tener que empuñar el fusil en cada momento y la necesidad permanente de defender a la revolución con las armas ideológicas en cada minuto de la vida.

Es una tarea dura. Es una tarea que pone en tensión la fuerza de nuestro estudiantado. Esta es una generación de sacrificio. Esta generación, nuestra generación, no tendrá ni remotamente los bienes que tendrán las generaciones que sigan. Y tenemos que estar claros, conscientes de eso, conscientes de nuestro papel, porque hemos tenido la inmensa gloria de ser la vanguardia de la revolución en América. ¡Y tenemos hoy la gloria de ser el país más odiado por el imperialismo! En todo momento estamos a la vanguardia de la lucha.

No hemos renunciado ni a uno solo de nuestros principios. No hemos sacrificado ni uno solo de nuestros ideales. Y nunca hemos dejado de cumplir ni uno solo de nuestros deberes. Por eso estamos a la cabeza; por eso tenemos esa gloria que siente cada cubano en cada lugar del mundo que visita. Pero también eso exige esfuerzo.

Esta generación, que ha hecho posible el aparente milagro del surgimiento de la revolución socialista a unos pasos del imperialismo norteamericano, tiene que pagar la gloria con su sacrificio. Tiene que sacrificarse día a día para construir con su esfuerzo el mañana. Ese que ustedes quieren, ese que ustedes sueñan, en que todos los materiales, todos los medios, toda la técnica van a estar a disposición de ustedes para que los transformen, les den el soplo vital —si me permiten esa frase un poco idealista— y los pongan al servicio del pueblo.

Para eso tenemos que construir los bienes materiales, rechazar el ataque del imperialismo y luchar contra todas las dificultades. Por eso nuestra generación tendrá un lugar en la historia de Cuba y un lugar en la historia de América. Nunca debemos fallar a la esperanza que todos los compañeros revolucionarios, que todos los pueblos oprimidos de América y quizás del mundo tienen puesta en la Revolución Cubana.

Además, nunca debemos olvidar que la Revolución Cubana, por la fuerza de su ejemplo, no actúa sólo aquí internamente, y que sus deberes están más allá de las fronteras de Cuba. El deber de expandir la llama ideológica de la revolución por todos los rincones de América, por todos los rincones del mundo donde se nos escuche. El deber de ser sensibles ante todas las miserias que ocurran en el mundo, ante todas las explotaciones y las injusticias. El deber que sintetiza Martí en una frase que muchas veces hemos dicho y que siempre debemos tener en la cabecera de nuestra cama, en el lugar más visible, y es aquello de que "todo hombre verdadero debe sentir en la mejilla el golpe dado a cualquier mejilla de hombre".

Esa debe ser la síntesis de las ideas de la revolución hacia todos los pueblos del mundo.

Y así debe estar siempre nuestra juventud: libre, discutiendo, intercambiando ideas, preocupada por lo que pasa en el mundo entero, abierta a la técnica de todo el mundo, recibiendo de todo el mundo lo que nos pueda dar, y siempre sensible a las luchas, a las desgracias, a las esperanzas de los pueblos oprimidos.

En esa forma iremos construyendo nuestro futuro.

Hoy ya tienen ustedes —para llegar a un hoy práctico y actual del día de hoy— una tarea larga. Empiezan los congresos donde primará la técnica, y ya la política desaparecerá de las relaciones y de los intercambios de experiencias de los hombres. Pero ustedes, estudiantes del mundo, no olviden nunca que detrás de cada técnica hay alguien que la empuña, y que ese alguien es una sociedad, y que con esa sociedad se está, o se está contra ella. Y que en el mundo hay los que piensan que la explotación es buena, y los que piensan que la explotación es mala y que hay que acabar con ella. Y que —aun cuando no se hable de política en ningún lado— el hombre político no puede renunciar a esa situación inmanente a su condición de ser humano. Y que la técnica es un arma, y que quien sienta que el mundo no es perfecto como debiera ser, debe luchar porque el arma de la técnica sea puesta al servicio de la sociedad, y por eso rescatar antes a la sociedad para que toda la técnica sirva a la mayor cantidad posible de seres humanos, y para que podamos construir la sociedad del futuro, désele el nombre que se quiera.

Esa sociedad con la que nosotros soñamos y a la que nosotros llamamos, como le ha llamado el fundador del socialismo científico, "el comunismo".

¡Patria o muerte!

¡Venceremos!

[*Ovación*]

Lo que debe ser un Joven Comunista

En el segundo aniversario de la integración de las
organizaciones juveniles revolucionarias
20 de octubre de 1962

En diciembre de 1959 el Departamento de Instrucción del Ejército
Rebelde, dirigido por Che Guevara, fundó una organización juvenil
revolucionaria, la Asociación de Jóvenes Rebeldes. En octubre de
1960 la AJR se fusionó con otros grupos de jóvenes de disposición
revolucionaria, incorporando así en sus filas a jóvenes de tres organizaciones: el Movimiento 26 de Julio; el ala juvenil del Partido Socialista Popular; y el Directorio Revolucionario 13 de Marzo. En abril de
1962 la AJR adoptó el nombre de Unión de Jóvenes Comunistas
(UJC).

La celebración del segundo aniversario tuvo lugar en la víspera de
la "crisis de los misiles" de octubre de 1962, instigada por Washington. En abril de 1961, las Fuerzas Armadas Revolucionarias y las milicias populares cubanas le habían asestado a Washington su primera
derrota militar en las Américas, en Playa Girón, sobre la Bahía de
Cochinos. No obstante, los gobernantes norteamericanos siguieron
creyendo que podían derrocar al gobierno revolucionario y se pre-
pararon para nuevas acciones contra Cuba, con la participación directa de las fuerzas armadas de Estados Unidos. La Operación Man-
gosta, bajo la supervisión directa del fiscal general norteamericano
Robert Kennedy, fue creada por la Casa Blanca en noviembre de
1961 para efectuar operativos encubiertos en preparación para una
invasión. Ante la creciente amenaza, el gobierno cubano concertó
un acuerdo de defensa mutua con la Unión Soviética en agosto de
1962. El pacto incluía la instalación en la isla de misiles dotados de
ojivas nucleares.

El 22 de octubre, el presidente norteamericano Kennedy exigió
en público el retiro de los misiles soviéticos. Washington ordenó un
bloqueo naval de Cuba, aceleró sus preparativos de invasión, y puso

Che Guevara (arriba) y el entonces presidente de la UJC Joel Iglesias se dirigen a los participantes de la reunión que conmemora el segundo aniversario de la integración de las organizaciones juveniles revolucionarias, 20 de octubre de 1962.

"Ustedes tienen que construir un futuro en el cual el trabajo será la dignidad máxima del hombre, será un deber social, será creador al máximo".

sus fuerzas armadas en alerta nuclear. La determinación de los trabajadores y campesinos cubanos, millones de los cuales se movilizaron en defensa de su revolución, frenó a la administración Kennedy. Unos 260 mil soldados en unidades regulares y 140 mil en tareas de apoyo empuñaron las armas y ocuparon su lugar en las trincheras. Junto a ellos había 42 mil soldados soviéticos. El resto de la población asumió su puesto de trabajo asignado en la producción y los servicios básicos. Altos funcionarios del Pentágono, cuyos servicios de inteligencia subestimaron en menos de la mitad el número de tropas cubanas y soviéticas, le informaron a Kennedy que calculaban que las bajas norteamericanas podrían ascender a 18 mil sólo en los primeros diez días de una tentativa de invasión. Temiendo las consecuencias políticas internas de un número tan impresionante de bajas, Washington desistió de sus planes inminentes de invadir.

El 28 de octubre, luego de un intercambio de comunicaciones entre Washington y Moscú, el primer ministro soviético Nikita Jruschov, sin consultar antes con el gobierno cubano, anunció su decisión de retirar los misiles. El gobierno revolucionario respondió indignado a estos acuerdos adoptados sin su participación, y a nombre del pueblo cubano reivindicó una serie de medidas que serían necesarias para una normalización justa y duradera de las relaciones entre Washington y La Habana.

En la reunión por el segundo aniversario también habló Joel Iglesias, presidente de la UJC. Iglesias se había integrado al Ejército Rebelde en mayo de 1957, a los 15 años, alcanzando el grado de comandante. El había encabezado la comisión que trabajó bajo la dirección de Che Guevara para preparar la fundación de la AJR.

*

Queridos compañeros:

Una de las tareas más gratas de un revolucionario es ir observando a través de los años de revolución cómo se van formando, decantando y fortaleciendo las instituciones que comenzaron a nacer al principio mismo de la revolución; cómo se convierten en verdaderas instituciones con fuerza, vigor y autoridad entre las masas, aquellas organizaciones que empezaron en pequeña escala con muchas dificultades, con muchas indecisiones y se fueron transformando mediante el trabajo diario y el contacto con las masas en pujantes representantes del movimiento revolucionario de hoy.

La Unión de Jóvenes Comunistas tiene casi los mismos años que nuestra revolución a través de los distintos nombres que tuviera y a través de las distintas formas de organización. Al principio fue una emanación del Ejército Rebelde; de allí quizás surgiera también su nombre, pero una organización ligada al ejército para iniciar a la juventud cubana en las tareas masivas de la defensa nacional, que era el problema más urgente y el problema que precisaba de una solución más rápida.

En el antiguo Departamento de Instrucción del Ejército Rebelde nacieron la Asociación de Jóvenes Rebeldes y las Milicias Nacionales Revolucionarias. Después adquirieron vida propia. Una, la de una pujante formación de pueblo armado, representante del pueblo armado y con categoría propia fundida con nuestro ejército en las tareas de defensa. La otra, como una organización destinada a la superación política de la juventud cubana.

Después, cuando se fue consolidando la revolución y pudimos ya plantearnos las tareas nuevas que se ven en el horizonte, fue planteado por el compañero Fidel el cambio de nombre de esta organización, un cambio de nombre que es todo una expresión de principio. La Unión de Jóvenes Comunistas [*aplausos*] está directamente orientada hacia el futuro. Está vertebrada pensando en el futuro luminoso de la sociedad socialista, después de atravesar el camino difícil en que estamos ahora de la construcción de una sociedad nueva, en el camino siguiente el afianzamiento total de la dictadura de clase expresada a través de la sociedad socialista, para llegar finalmente a la sociedad sin clases, la sociedad perfecta, la sociedad que ustedes serán encargados de construir, de orientar y de dirigir en el futuro. Para ello, la Unión de Jóvenes Comunistas alza sus símbolos de todo el pueblo de Cuba: el estudio, el trabajo y el fusil. [*Aplausos*] Y en sus medallones se muestran dos de los más altos exponentes de la juventud cubana, muertos ambos trágicamente sin poder llegar a ver el resultado final de esta lucha en que todos estamos empeñados: Julio Antonio Mella y Camilo Cienfuegos. [*Aplausos*]

En este segundo aniversario, en esta hora de construcción febril, de preparativos constantes para la defensa del país, de preparación técnica y tecnológica acelerada al máximo, debe plantearse siempre y ante todo el problema de: ¿qué es y qué debe ser la Unión de Jóvenes Comunistas?

La Unión de Jóvenes Comunistas tiene que definirse por una sola palabra: "vanguardia". Ustedes, compañeros, deben ser la vanguardia de todos los movimientos, los primeros en estar dispuestos para los sacrificios que la revolución demande, cualquiera que sea la índole de estos sacrificios; los primeros en el trabajo, los primeros en el estudio, los primeros en la defensa del país. Y plantearse esta tarea no sólo como la expresión total de la juventud de Cuba, no sólo como una tarea de grandes masas vertebradas en una institución, sino como las tareas diarias de cada uno de los integrantes de la Unión de Jóvenes Comunistas. Y para ello hay que plantearse tareas reales y concretas, tareas de trabajo cotidiano que no pueden admitir el más mínimo desmayo.

La tarea de organización debe estar constantemente unida a todo el trabajo de todo tipo que se desarrolla en la Unión de Jóvenes Comunistas. La organización es la clave que permite atenazar las iniciativas que surgen de los líderes de la revolución, las iniciativas que plantea en reiteradas oportunidades nuestro primer ministro, y las iniciativas que surgen del seno de la clase obrera, que deben transformarse también en directivas precisas y en ideas precisas para la acción subsiguiente. Si no existe la organización, las ideas, después del primer momento de impulso, van perdiendo eficacia. Van cayendo en la rutina, van cayendo en el conformismo y acaban por ser simplemente un recuerdo. Hago esta advertencia porque muchas veces en este corto y, sin embargo, tan rico periodo de nuestra revolución, muchas grandes iniciativas han fracasado. Han caído en el olvido por la falta del aparato organizativo necesario para poder sustentarlas y llevarlas a buen fin.

Al mismo tiempo, todos y cada uno de ustedes deben plantearse que el ser Joven Comunista, el pertenecer a la Unión de Jóvenes Comunistas, no es una gracia que alguien les haga. Ni es una gracia que ustedes hagan al estado o a la revolución. El pertenecer a la Unión de Jóvenes Comunistas debe ser el más alto honor de un joven de la sociedad nueva. Debe ser el honor por el que luchen en cada momento de su existencia. Y además, el honor de mantenerse y mantener alto el nombre individual dentro del gran nombre de la Unión de Jóvenes Comunistas debe ser un empeño constante también. En esa forma avanzaremos aún más rápidamente, acostumbrándonos a pensar como masa, actuar con las iniciativas que nos brinda la gran iniciativa de la masa obrera y las iniciativas de nuestros máximos dirigentes. Y al mismo tiempo, al actuar siempre como individuos, permanentemente preocupados de nuestros propios actos, permanentemente preocupados de que nuestros actos no manchen ni nuestro nombre ni el nombre de la asociación a que pertenecemos.

Después de dos años, podemos recapitular y observar para ver cuáles han sido los resultados de esta tarea. Y hay enormes logros en la vida de la Unión de Jóvenes Comunistas. Uno de los más importantes, uno de los más espectaculares, ha sido el de la defensa.

Los jóvenes que primero —o algunos de ellos— subieron los cinco picos del Turquino,[1] otros que se enrolaron en toda una serie de organizaciones militares, todos los que empuñaron el fusil en los momentos de peligro, estuvieron prestos a defender la revolución en cada uno de los lugares donde se esperaba la invasión o la acción enemiga. Y a los jóvenes de Playa Girón les cupo el altísimo honor de poder allí defender nuestra revolución,[2] [*aplausos*] defender allí las instituciones que hemos creado a fuerza de sacrificio, los logros que todo el pueblo ha conseguido en años de lucha. Toda

---

1. Ver notas de glosario: Turquino.

2. Ver notas de glosario: Playa Girón.

nuestra revolución se defendió allí en 72 horas de lucha. La intención del enemigo era crear la cabeza de playa suficientemente fuerte, con un aeropuerto dentro que permitiera hostilizar todo nuestro territorio, bombardearlo inmisericordemente, convertir nuestras fábricas en cenizas, nuestros medios de comunicación reducirlos a polvo, arruinar nuestra agricultura; en una palabra, sembrar el caos en el país. La acción decidida de nuestro pueblo liquidó la intentona imperialista en sólo 72 horas. Allí jóvenes que aún eran niños se cubrieron de gloria. Algunos están hoy aquí como exponentes de esa juventud heroica, y de los otros sólo nos queda su nombre como recuerdo, como acicate para nuevas batallas que habrá de dar, para nuevas actitudes heroicas frente al ataque imperialista. [*Aplausos*]

En el momento en que la defensa del país era la tarea más importante, la juventud estuvo presente. Hoy la defensa del país sigue ocupando el primer lugar en nuestros desvelos. Pero no debemos olvidar que la consigna que guía a los Jóvenes Comunistas ["el estudio, el trabajo y el fusil"] está íntimamente unida entre sí, que no puede haber defensa del país solamente con el ejercicio de las armas, con estar prestos a la defensa. Que además debemos defender el país construyéndolo con nuestro trabajo y preparando los nuevos cuadros técnicos para acelerar mucho más su desarrollo en los años venideros. Y ahora estas tareas adquieren una importancia enorme y están a la misma altura que la del ejercicio directo de las armas. Cuando se plantearon problemas como éstos, la juventud dijo "presente" una vez más, y los jóvenes brigadistas respondiendo al llamado de la revolución invadieron todos los rincones del país. Y así, en pocos meses de una batalla muy dura donde hubo incluso mártires de nuestra revolución —mártires de la educación— pudimos anunciar una situación nueva en América, la de que Cuba era un territorio libre de analfabetismo en América.[3] [*Aplausos*]

El estudio a todos los niveles es también hoy una tarea de la juventud; el estudio mezclado con el trabajo, como en los casos de los

---

3. Ver notas de glosario: Campaña de Alfabetización.

jóvenes estudiantes que están recogiendo café en Oriente, [*aplausos*] utilizan sus vacaciones para recoger el grano tan importante en nuestro país, importante para nuestro comercio exterior, importante para nosotros, que consumimos una gran cantidad de café todos los días. Aquella tarea es similar a la de la alfabetización. Es una tarea de sacrificio que se hace alegremente reuniéndose los compañeros estudiantes una vez más en las montañas de nuestro país para llevar allí su mensaje revoluciononario.

Pero es muy importante esta tarea, porque no es solamente la Unión de Jóvenes Comunistas, no son sólo los Jóvenes Comunistas los que dan en esta tarea. Reciben, y en algunos casos reciben más de lo que dan. Reciben experiencias nuevas: una nueva experiencia del contacto humano, nuevas experiencias de cómo viven nuestros campesinos, de cómo es el trabajo y la vida en los lugares más apartados, de todo lo que hay que hacer para elevar aquellas regiones al mismo nivel que las ciudades y que los campos en los lugares más habitables. Reciben entonces experiencia y madurez revolucionaria. Y los compañeros que pasan por aquellas tareas de alfabetizar o de recoger café, de estar en contacto directo con nuestro pueblo ayudándolo lejos de su lugar habitual de vida, reciben —puedo afirmarlo— más aún de lo que dan, ¡y lo que dan es mucho!

Esta es la forma de educación que mejor cuadra a una juventud que se educa para el comunismo, la forma de educación en la cual el trabajo pierde la categoría de obsesión que tiene en el mundo capitalista y pasa a ser un deber social grato que se realiza con alegría, que se realiza al son de cánticos revolucionarios en medio de la camaradería más fraternal, en medio de contactos humanos que vigorizan a todos y que elevan a todos.

Además, la Unión de Jóvenes Comunistas ha avanzado mucho en su organización. De aquel embrión débil que se formara como dependencia del Ejército Rebelde, a esta organización de hoy, hay una gran diferencia. Por todos lados, en todos los centros de trabajo, en todos los organismos administrativos, en todos los lugares donde puedan ejercer su acción, allí hay Jóvenes Comunistas y allí están trabajando para la revolución. El avance organizativo debe ser considerado también como un logro importante de la Unión de Jóvenes Comunistas.

Sin embargo, compañeros, en este camino difícil ha habido muchos problemas. Ha habido dificultades grandes, ha habido errores groseros y no siempre hemos podido superar todo esto. Es evidente que la Unión de Jóvenes Comunistas, como organismo menor, como hermano menor de las Organizaciones Revolucionarias Integradas [ORI], debe beber allí de las experiencias de los compañeros que han trabajado más en todas las tareas revolucionarias. Y deben recibir siempre y recibir con respeto la voz de esa experiencia. Pero la juventud tiene que crear. Una juventud que no crea es una anomalía realmente. Y a la Unión de Jóvenes Comunistas le ha faltado un poco de espíritu creador. Ha sido a través de su dirigencia demasiado dócil, demasiado respetuosa y poco decidida a plantearse problemas propios. Hoy se está rompiendo esto. El compañero Joel [Iglesias] nos hablaba de las iniciativas de los trabajos en las granjas. Son ejemplos de cómo se empieza a romper la dependencia total —que se convierte en absurda— de un organismo mayor, cómo se empieza a pensar con la propia cabeza.

Pero es que nosotros, y nuestra juventud con todos nosotros, está convaleciendo de una enfermedad que afortunadamente no fue muy larga pero que influyó mucho en el retraso del desarrollo de la profundización ideológica de nuestra revolución. Estamos todos convalecientes de ese mal llamado sectarismo.[4] Y, ¿a qué condujo el sectarismo? Condujo a la copia mecánica; condujo a los análisis formales; condujo a la separación entre la dirigencia y las

---

4. El 26 de marzo de 1962, Fidel Castro dio un discurso televisado que llegó a conocerse a nivel internacional con el título "Contra la burocracia y el sectarismo". En él, atacó las prácticas burocráticas que llevaban al sectarismo en la organización y el funcionamiento de las ORI —en proceso de formación— y que, de permitirse que continuaran, conducirían a que se enajenaran de ella las masas de trabajadores y campesinos. En el discurso Castro anunció que Aníbal Escalante, un antiguo dirigente del Partido Socialista Popular y entonces secretario de organización de las ORI, sería destituido de su cargo. Se inició un proceso de reorganización de las ORI.

masas. Lo condujo allí en nuestra Dirección Nacional, incluso, y el reflejo directo se produjo aquí en la Unión de Jóvenes Comunistas.

Si nosotros, también desorientados por el fenómeno del sectarismo, no alcanzábamos a recibir del pueblo su voz, que es la voz más sabia y más orientadora, si no alcanzábamos a recibir las palpitaciones del pueblo para poder transformarlas en ideas concretas, en directivas precisas, mal podíamos dar esas directivas a la Unión de Jóvenes Comunistas. Y como la dependencia era absoluta, como la docilidad era muy grande, la Unión de Jóvenes Comunistas navegaba como un pequeño barquito al garete, dependiendo del gran barco, nuestras Organizaciones Revolucionarias, que también marchaban al garete. Así se producían una serie de iniciativas pequeñas, que era lo único capaz de producir en ese momento la Unión de Jóvenes Comunistas, y que se transformaban a veces en slogans groseros, en manifestaciones de una falta de profundidad ideológica.

El compañero Fidel hizo serias críticas de extremismos y de expresiones, algunas tan conocidas por todos ustedes como "¡La ORI es la candela!", como "¡Somos socialistas, pa'lante y pa'lante!" Todas aquellas cosas que criticara Fidel, y que ustedes conocen bien, eran el reflejo del mal que gravaba nuestra revolución. Nosotros hemos salido de esa época. Hemos liquidado totalmente esa época.

Pero sin embargo, siempre los organismos van un poco más atrasados. Es como un mal que hubiera tenido inconsciente a una persona. Cuando el mal cede, el cerebro se recupera, se recupera la claridad mental, pero todavía los miembros no coordinan bien sus movimientos. Los primeros días después de levantarse del lecho el andar es inseguro y poco a poco se va adquiriendo la nueva seguridad. En ese camino estamos nosotros. Y así debemos definir y analizar todos nuestros organismos objetivamente para seguir limpiando. Saber que todavía caminamos con pasos vacilantes para no caernos, para no tropezar e irnos al suelo; conocer nuestras debilidades para aprender a resolverlas; conocer nuestras flaquezas para liquidarlas y adquirir más fuerzas.

Esta falta de iniciativa propia se debe al desconocimiento durante un buen tiempo de la dialéctica que mueve los organismos de masas, el olvidarse que los organismos como la Unión de Jóvenes Comunistas no pueden ser un simple organismo de dirección, algo que mande directivas constantemente hacia las bases y que no reciba nada de ellas. Se pensaba que la Unión de Jóvenes Comunistas, o todas las organizaciones de Cuba, eran organizaciones de una sola línea, una sola línea que iba desde la cabeza hacia las bases, pero que no tenía un cable que retornara y trajera la comunicación de las bases. Y de este doble y constante intercambio de experiencias, de ideas, de directivas debían nacer las directivas más importantes, las que hicieran centrar el trabajo de nuestra juventud. Al mismo tiempo se podrían recoger los puntos en que estuviera más flojo el trabajo, los puntos donde se flaqueara más.

Y nosotros hoy vemos todavía como los jóvenes —héroes de novelas casi— que pueden entregar su vida cien veces por la revolución, que se les llama para cualquier tarea concreta y esporádica y marchan en masa hacia ella, sin embargo a veces faltan a su trabajo porque tenían una reunión de la Unión de Jóvenes Comunistas, o porque se acostaron tarde el día anterior discutiendo alguna iniciativa de los Jóvenes Comunistas, o simplemente no van al trabajo porque no, sin causa justificada. Y cuando se ve y se analiza entre los integrantes de una brigada de trabajo voluntario dónde están los Jóvenes Comunistas, en muchos casos no los hay; no han ido. El dirigente tenía que ir a una reunión, el otro estaba enfermo, el de más allá no se había enterado bien.

Y el resultado es que la actitud fundamental, la actitud de vanguardia del pueblo, la actitud de ejemplo viviente que conmueve, que lleva adelante a todo el mundo como hicieron los jóvenes de Playa Girón, esa actitud no se repite en el trabajo. La seriedad que debe tener la juventud de hoy para afrontar los grandes compromisos —y el compromiso mayor es la construcción de la sociedad socialista— no se refleja en el trabajo concreto. Hay debilidades grandes y hay que trabajar sobre ellas: trabajar organizando, trabajar puntualizando el lugar donde duele, el lugar donde hay debilidades que corregir. Y trabajar sobre cada uno de ustedes para poner bien claro en sus conciencias que no puede ser buen comunista aquel que solamente piensa en la revolución en el momento álgido del sacrificio, en el momento del combate, de la aventura heroica, de lo que se sale de lo vulgar y de lo cotidiano y, sin embargo, en el trabajo es mediocre o menos que mediocre.

¿Cómo puede ser eso? si ustedes reciben ya el nombre de Jóvenes Comunistas, el nombre que nosotros como organización dirigente, partido dirigente todavía no tenemos. Ustedes que tienen que construir un futuro en el cual el trabajo será la dignidad máxima del hombre, el trabajo será un deber social, un gusto que se da el hombre, el trabajo será creador al máximo. Y todo el mundo deberá estar interesado en su trabajo y en el de los demás, el avance de la sociedad día a día. ¿Cómo puede ser que ustedes, que tienen ese nombre, hoy desdeñen el trabajo? Ahí hay un fallo, un fallo de organización, de esclarecimiento de trabajo y un fallo además naturalmente humano.

A la gente y a todos nosotros —a todos, yo creo— nos gusta mucho más aquello que rompe la monotonía de la vida, aquello que de pronto, una vez cada tanto tiempo hace pensar a uno en su propio valor, en el valor que tiene dentro de la sociedad. Y me imagino el orgullo de aquellos compañeros que estaban en una "cuatro bocas",[5] por ejemplo, defendiendo su patria de los aviones yanquis, y de pronto a alguien le tocaba la suerte de ver que sus balas alcanzaban un avión enemigo. Evidentemente, es el momento más feliz de la vida de un hombre; eso nunca se olvidará. Nunca lo olvidarán los compañeros a los que le tocó vivir esa experiencia. Pero nosotros tenemos que defender nuestra revolución, la que estamos haciendo todos los días. Y para poder defenderla hay que ir haciéndola, construyéndola, fortificándola, con ese trabajo que hoy no le gusta a la juventud o que por lo menos deja como último de sus deberes, todavía con la mentalidad antigua, con la mentalidad proveniente del mundo capitalista, de que el trabajo es sí un deber, es

---

5. "Cuatro bocas" era el nombre popular en Cuba de la ametralladora pesada antiaérea de cuatro cañones de 14.5 milímetros ZPU-4, de fabricación china, montada en un afuste de cuatro ruedas.

una necesidad, pero un deber y una necesidad triste.

¿Por qué pasa eso? Porque todavía no hemos sido capaces de darle al trabajo su verdadero contenido. No hemos sido capaces de unir al trabajador con el objeto de su trabajo y, al mismo tiempo, de unir al trabajador con la conciencia de la importancia que tiene el acto creativo que realiza día a día. El trabajador y la máquina, el trabajador y el objeto sobre el que se ejerce el trabajo, todavía son dos cosas diferentes y antagónicas. Y ahí hay que trabajar, porque deben ir formándose nuevas generaciones que tengan el interés máximo en trabajar y sepan encontrar en el trabajo una fuente permanente y constantemente cambiante de nuevas emociones; hacer del trabajo algo creador, algo nuevo.

Allí es quizás el punto más flojo de nuestra Unión de Jóvenes Comunistas hoy, y por eso recalco este punto. Y en medio de la alegría de festejar esta fecha de aniversario, vuelvo a poner la pequeña gota de amargura para tocar el punto sensible, para llamar a la juventud a que reaccione.

Hoy nos pasó en una asamblea en que se discutía algo en el Ministerio [de Industrias], la emulación.⁶ Y entonces muchos de ustedes probablemente ya hayan discutido la emulación en sus centros de trabajo, hayan leído un tremendo papel que hay. Pero, ¿cuál es el problema de la emulación, compañeros? El problema es que la emulación no puede dirigirse por papeles que la reglamenten, la ordenen y le den un molde. El reglamento y el molde es necesario

---

6. La emulación es una forma de concurso entre grupos de trabajadores que cooperan, un concurso entre entidades colectivas, para ver cuál fábrica o empresa puede producir más, con la mayor productividad y la mejor calidad. Es lo opuesto de la competencia entre trabajadores individuales, la condición de la vida y del trabajo en el capitalismo, que se rige por "sálvese quien pueda". La emulación sólo es posible cuando los trabajadores producen para ellos mismos, no para sus explotadores. Che Guevara la fomentó infatigablemente en las fábricas bajo la dirección del Ministerio de Industrias a comienzos de los años 60. "La emulación es una competencia fraternal . . . un arma para aumentar la producción", afirmó en 1963. "Pero no solamente eso . . . es un instrumento para profundizar la conciencia de las masas, y siempre tienen que ir unidos".

para después poder comparar el trabajo de la gente entusiasta que está emulando en cualquier cosa. Cuando dos compañeros empiezan a emular, cada uno en una máquina para construir más, después de un tiempo empiezan a encontrar que tienen que ponerse algún reglamento para saber cuál de los dos da más en su máquina, de la calidad, del producto, de la cantidad de las horas que trabajan, de la forma en que queda la máquina después, de como la atienden, de muchas cosas.

Pero si en vez de estos dos compañeros que emulan, a los cuales nosotros vamos a darle un reglamento, aparece un reglamento para otros dos que están pensando en que llegue la hora para irse a su casa, ¿para qué sirve el reglamento? ¿Qué función cumple? Y nosotros en muchas cosas estamos trabajando con reglamento, estamos haciendo el molde para algo que no existe. Y el molde tiene que tener un contenido. El reglamento tiene que ser en estos casos lo que defina y limite una situación ya creada. El reglamento debiera ser el resultado de la emulación; llevada a cabo anárquicamente, si quieren, sí, pero entusiasta, desbordantemente por todos los centros de trabajo de Cuba. Entonces automáticamente surgiría la necesidad de reglamentarla. Hacer una emulación por reglamentos, no. Así hemos tratado muchos problemas. Así hemos sido de formales en el tratamiento de muchas cosas.

Y cuando en esa asamblea pregunté por qué no había estado o cuántas veces había estado el secretario de los Jóvenes Comunistas, había estado alguna vez, pocas, y los Jóvenes Comunistas no habían estado. Pero en el curso de la asamblea, discutiendo estos problemas y otros, los Jóvenes Comunistas y el núcleo y las [Federación de] Mujeres [Cubanas] y los Comités de Defensa y el sindicato naturalmente se llenaron de entusiasmo. O por lo menos se llenaron de un rencor interno, de una amargura, de un deseo de mejorar, de un deseo de demostrar que eran capaces de hacer aquello que no se ha hecho, mover la gente. Y entonces de pronto todos se comprometieron a hacer que todo el ministerio completo emulara a todos los niveles, a discutir entonces el reglamento después de establecer las emulaciones y a venir dentro de quince días a presentar ya todo un hecho concreto con todo el ministerio emulando entre sí. Entonces sí, allí hay movilización, allí la gente ya ha comprendido y ha sentido internamente —porque cada compañero de esos es un gran compañero— que había algo flojo en su trabajo. Se ha llenado de dignidad herida y ha ido a resolverlo.

Y eso es lo que hay que hacer; acordarse de que el trabajo es lo más importante. Perdónenme si insisto una y otra vez, pero es que sin trabajo no hay nada. Todas las riquezas del mundo, todos los valores que tiene la humanidad son nada más que trabajo acumulado. Sin eso no puede existir nada. Sin el trabajo extra que se da para crear más excedentes para nuevas fábricas, para nuevas instalaciones sociales, el país no avanza. Y por más fuerte que sean nuestros ejércitos, estaremos siempre con un ritmo lento de crecimiento. Y hay que romper eso, romper con todos los viejos errores, manifestarlos a la luz pública, analizarlos en cada lugar y entonces corregirlos.

Quería plantear, ahora, compañeros, cuál es mi opinión, la visión de un dirigente nacional de las ORI de lo que debe ser un Joven Comunista, a ver si estamos de acuerdo todos. Yo creo que lo primero que debe caracterizar a un Joven Comunista es el honor que siente por ser Joven Comunista, ese honor que lo lleva a mostrar ante todo el mundo su condición de Joven Comunista, que no lo vuelca en la clandestinidad, que no lo reduce a fórmulas sino que lo expresa en cada momento, que le sale del espíritu, que tiene interés en demostrarlo porque es su timbre de orgullo. Junto a eso, un gran sentido del deber, un sentido del deber con nuestra sociedad que estamos construyendo, con nuestros semejantes como seres humanos y con todos los hombres del mundo. Eso es algo que debe caracterizar al Joven Comunista. Al lado de eso, su gran sensibilidad ante todos los problemas, su sensibilidad frente a la injusticia, su espíritu inconforme cada vez que surge algo que está mal, lo haya dicho quien lo haya dicho. [*Aplausos*] Plantearse todo lo que no se entienda, discutir y pedir aclaración de lo que no esté claro, declararle la guerra al formalismo, a todos los tipos de formalismos. Estar siempre abiertos para recibir las nuevas experiencias, para conformar la gran experiencia de la humanidad que lleva muchos años avanzando por la senda del socialismo a las condiciones concretas de nuestro país, a las realidades que existen en Cuba. Y pensar todos y cada uno cómo ir cambiando la realidad, cómo ir mejorándola.

El Joven Comunista debe plantearse ser siempre el primero en todo, luchar por ser el primero, sentirse molesto cuando en algo se ocupa otro lugar, y luchar por mejorar, por ser el primero. Claro que no todos pueden ser los primeros. Pero sí entre los primeros, en el grupo de vanguardia. Eso de ser ejemplo vivo, de ser el espejo donde se miren los compañeros que no pertenezcan a las Juventudes Comunistas, de ser el ejemplo donde se puedan mirar los hombres y mujeres de edad más avanzada que han perdido cierto entusiasmo juvenil, que han perdido cierta fe en la vida y que frente al ejemplo reaccionan siempre bien. Esa es otra tarea de los Jóvenes Comunistas. Junto a eso, un gran espíritu de sacrificio, no solamente para las jornadas heroicas sino para todo momento, sacrificarse para ayudar al compañero en las pequeñas tareas, para que cumpla su trabajo, para que pueda hacer sus deberes en el colegio, en el estudio, para que pueda mejorar de cualquier manera. Estar siempre atento a toda la masa humana que lo rodea.

Es decir, hay algo que se plantea: la exigencia a todo Joven Comunista es ser esencialmente humano, y ser tan humano que se acerque a lo mejor de lo humano. Que purifique lo mejor del hombre a través del trabajo, del estudio, del ejercicio de la solidaridad continuada con el pueblo y con todos los pueblos del mundo. Que se desarrolle al máximo la sensibilidad para sentirse angustiado cuando se asesine un hombre en otro rincón del mundo y para sentirse entusiasmado cuando en algún rincón del mundo se alza una nueva bandera de libertad. [*Aplausos*]

El Joven Comunista no puede estar limitado por las fronteras de un territorio. El Joven Comunista debe practicar el internacionalismo proletario y sentirlo como cosa propia y acordarse y acordarnos nosotros, Jóvenes Comunistas y aspirantes a comunistas aquí en Cuba, que somos un ejemplo real y palpable para toda

Nuestra América. Y más aún que para Nuestra América, para otros países del mundo que luchan también en otros continentes por su libertad, contra el colonialismo, contra el neocolonialismo, contra el imperialismo, contra todas las formas de opresión de los sistemas injustos. Acordarse siempre de que somos una antorcha encendida, de que nosotros todos somos el mismo espejo que cada uno de nosotros individualmente es para el pueblo de Cuba, y somos ese espejo para que se miren en él los pueblos de América, los pueblos del mundo oprimido que luchan por su libertad. Y debemos ser dignos de ese ejemplo. Y en todo momento y a toda hora debemos ser dignos de ese ejemplo. Eso es lo que nosotros pensamos que debe ser un Joven Comunista.

Y si se nos dijera que somos unos románticos, que somos unos idealistas inveterados, que estamos pensando en cosas imposibles y que no se puede lograr de la masa de un pueblo el que sea casi un arquetipo humano, nosotros le tenemos que contestar una y mil veces que sí, que sí se puede. Que estamos en lo cierto. Que todo el pueblo puede ir avanzando, ir liquidando las pequeñeces humanas como se han ido liquidando en Cuba en estos cuatro años de revolución, ir perfeccionándose como nos perfeccionamos todos día a día, liquidando intransigentemente a todos aquellos que se quedan atrás, que no son capaces de marchar al ritmo a que marcha la Revolución Cubana.

Y tiene que ser así, y debe ser así y será así, compañeros. [*Aplausos*]

Será así porque ustedes son Jóvenes Comunistas, creadores de la sociedad perfecta, seres humanos destinados a vivir en un mundo nuevo, donde todo lo caduco, todo lo viejo, todo lo que represente la sociedad cuyas bases acaban de destruirse habrá desaparecido definitivamente. Para alcanzar eso, hay que trabajar todos los días, trabajar en el sentido interno de perfeccionarse, de aumentar los conocimientos, de aumentar la comprensión del mundo que nos rodea, de inquirir y averiguar, y conocer bien el porqué de las cosas y el de plantearse siempre los grandes problemas de la humanidad como problemas propios.

Así, en un momento dado, en un día cualquiera de los años que vienen, después de pasar muchos sacrificios, sí, después de habernos visto al borde de la destrucción muchas veces, quizás, después de haber visto quizás cómo nuestras fábricas son destruidas y haberlas reconstruido nuevamente, después de asistir al asesinato, a la matanza de muchos de nosotros y de reconstruir lo que es destruido; al fin de todo eso, un día cualquiera, casi sin darnos cuenta, habremos creado junto con los otros pueblos del mundo la sociedad comunista, nuestro ideal. [*Aplausos*]

Compañeros, hablarle a la juventud es una tarea muy grata. Uno se siente en ese momento capaz de transmitir algunas cosas y siente la comprensión de la juventud. Hay muchas cosas que quisiera decirles: de todos nuestros esfuerzos, nuestros afanes, de cómo, sin embargo, muchos de ellos se rompen ante la realidad diaria y cómo hay que volver a iniciarlos; de los momentos de flaqueza y de cómo el contacto con el pueblo, con los ideales y la pureza del pueblo, nos infunde nuevo fervor revolucionario. Habría muchas cosas de que hablar. Sin embargo, hay que cumplir también nuestros deberes.

Y aprovecho para explicarles por qué me despido de ustedes, con toda mala intención, si ustedes quieren. [*Risas*] Me despido de ustedes porque voy a cumplir con mi deber de trabajador voluntario a una textilera. [*Aplausos*] Allí estamos trabajando desde hace ya algún tiempo. Estamos emulando con la Empresa Consolidada de Hilados y Tejidos Planos que trabaja en otra textilera, y estamos emulando con la Junta Central de Planificación que trabaja en otra textilera. Quiero decirles honestamente que el Ministerio de Industrias va último en la emulación, que tenemos que hacer un esfuerzo mayor, más grande, repetido constantemente, para avanzar para poder cumplir aquello que nosotros mismos decimos, de ser los mejores, de aspirar a ser los mejores, porque nos duele ser los últimos en la emulación socialista.

Sucede simplemente que aquí ha ocurrido lo mismo que les ha ocurrido a muchos de ustedes. La emulación es fría, un poco inventada y no hemos sabido entrar en contacto directo con la masa de trabajadores de la Industria. Mañana tendremos una asamblea para discutir estos problemas y para tratar de resolverlos todos, de buscar los puntos de unión, de establecer un lenguaje común, una identidad absoluta entre los trabajadores de esa industria y nosotros los trabajadores del ministerio. Y después de logrado eso, estoy seguro de que aumentaremos mucho los rendimientos allí y que podremos por lo menos luchar honestamente, honorablemente, por los primeros lugares. En todo caso, en la próxima asamblea el año que viene les contamos el resultado. Hasta entonces. [*Ovación*]

Guevara habla en el seminario "La juventud y la revolución" en el Ministerio de Industrias, La Habana, 9 de mayo de 1964.

"Hoy se ha iniciado el proceso de politización de este ministerio". Sin esto, el ministerio "es verdaderamente frío, bastante burocrático, un nido de burócratas meticulosos y machacones, del ministro para abajo, que están ahí constantemente peleando con tareas concretas para ir buscando nuevas relaciones y nuevas actitudes".

La juventud debe marchar
en la vanguardia

En el seminario 'La juventud y la revolución'
9 de mayo de 1964

En mayo de 1964, los miembros de la Unión de Jóvenes Comunistas que trabajaban en el Ministerio de Industrias organizaron un seminario de una semana sobre el tema "La juventud y la revolución". Se reunieron en el auditorio del ministerio durante seis noches consecutivas después del trabajo. Ernesto Che Guevara, quien había encabezado el ministerio desde su creación en febrero de 1961, habló en la sesión de clausura.

Al fundarse el Ministerio de Industrias, se le confirió autoridad sobre 287 empresas con unos 150 mil trabajadores. Bajo la dirección de Guevara, el ministerio se dio a la tarea de crear una estructura nacional centralizada e integrada de empresas industriales, dándole a la clase trabajadora mayor influencia en las decisiones sobre las prioridades económicas y sociales. A través de este esfuerzo, el gobierno revolucionario hizo frente a muchos retos decisivos en la dirección de la transición al socialismo.

Al organizar la planificación y administración de las industrias cubanas, Che Guevara subrayó que los avances en la productividad del trabajo dependían, primero y sobre todo, de la transformación de la conciencia política de la clase obrera a medida que los trabajadores realizaran la tarea revolucionaria de construir el socialismo. Conforme desarrollaran sus habilidades técnicas y administrativas, y también organizaran brigadas de trabajo voluntario para atender las necesidades sociales apremiantes, desarrollarían una actitud nueva —comunista— hacia el trabajo. "Podemos tomar la tarea de crear una nueva conciencia porque tenemos nuevas formas de relaciones de producción", escribió Guevara en febrero de 1964, unos meses antes del seminario. El legado de atraso económico impuesto en Cuba por el imperialismo no impedía este rumbo, insistió. "Puede

125

adelantarse un desarrollo [de la conciencia] al estado particular de las fuerzas productivas en un país dado" una vez que los medios de producción le pertenecen a la sociedad y no a propietarios particulares.

El objetivo es que deje de existir la "mercancía-hombre", explicó Guevara en "El socialismo y el hombre en Cuba" a principios de 1965. En la transición al socialismo, "[el hombre] empieza a verse retratado en su obra y a comprender su magnitud humana a través del objeto creado, del trabajo realizado. Esto ya no entraña dejar una parte de su ser en forma de fuerza de trabajo vendida, que no le pertenece más, sino que significa una emanación de sí mismo, un aporte a la vida común en que se refleja".

Ernesto Che Guevara también ayudó a dirigir el reagrupamiento político de las fuerzas revolucionarias en Cuba. En 1961 el Movimiento 26 de Julio había iniciado una fusión con el Partido Socialista Popular y con el Directorio Revolucionario, los cuales habían participado en el derrocamiento revolucionario de la dictadura de Batista. Este proceso culminó en octubre de 1965 al fundarse el Partido Comunista de Cuba, con Fidel Castro como primer secretario del Comité Central del partido.

Al igual que en el discurso anterior, la clarificación de los desafíos políticos que Guevara aborda aquí, incluidos el carácter y la dirección de una organización juvenil revolucionaria y sus actividades, fue un aspecto indispensable del avance de ese proceso de fusión.

*

Compañeros:

Hace un tiempo fui invitado por la organización de la juventud para cerrar un ciclo de conferencias, de actos con que la juventud daba señales visibles, digamos, de vida en el marco de la acción política del Ministerio.

Me interesaba hablar con ustedes, expresarles algunos puntos de vista, porque muchas veces he tenido actitud crítica frente a la juventud, no como juventud sino como organización. Y esa actitud crítica no se ha visto respaldada en general por la proposición de soluciones prácticas. Es decir, que ha sido un poco la tarea del francotirador, tarea que no concuerda con otras series de deberes que tengo, incluso como miembro de la dirección del secretariado del partido, etcétera. Había algunos problemas de concepto de lo que debe ser una organización juvenil, con los cuales nunca hemos estado totalmente de acuerdo. Y siempre hemos encontrado en la juventud como organización un aspecto mecanicista, que es en nuestro concepto lo que le impedía ser la verdadera vanguardia. Después, naturalmente, todos estos problemas han venido discutiéndose durante mucho tiempo.

La juventud incluso nació bajo nuestra jefatura directa, en su primer embrión, cuando se organizaron los Jóvenes Rebeldes, dependientes del Departamento de Instrucción del Ejército [Rebelde]. Después se separó, adquiriendo una característica política propia.

Habíamos tenido una actitud crítica de la juventud, y que esa actitud siempre no había estado unida a la proposición de un sistema de trabajo concreto. El problema es bastante complejo porque está relacionado con todo lo que es la organización del partido. No solamente con respecto a la juventud, todavía nosotros tenemos algunas dudas pero que no hemos resuelto totalmente desde el punto de vista teórico. ¿Cuál es la función del partido? No en términos generales abstractos donde todos los conocemos. ¿Cuál debe ser la actitud del partido en cada uno de los distintos frentes en los cuales debe actuar? ¿Cuál es su grado de participación en la administración pública? ¿Cuál el grado de responsabilidad que debe tener? ¿Cómo deben ser las relaciones entre los distintos niveles de la administración pública, por ejemplo, y el partido?

Son problemas que no están reglamentados y que todos conocemos, que crean roces a determinados niveles. Saliendo de la Dirección Nacional [del partido] y el Consejo de Ministros, donde está clara la dependencia de uno a otro y donde muchas veces las figuras son las mismas, después cada uno adquiere su independencia en el trabajo y se crean hábitos de trabajo, concepciones que chocan en la vida y que no han sido resueltas en forma práctica todavía por nosotros. Evidentemente esto responde también a que hay concepciones distintas, ninguna de las cuales ha podido demostrar su eficacia superior, su razón superior sobre otra. Concepciones que vienen incluso de análisis de los profundos problemas que han habido en el campo socialista, desde el momento que triunfa la primera revolución socialista, la Revolución de Octubre de 1917 hasta ahora.

Y concepciones que deben ser analizadas y estudiadas muy profundamente, incluso por las características de nuestra revolución. Revolución que empezó al principio como un movimiento de masa apoyando una lucha insurreccional sin la formación de un partido orgánico del proletariado, que llegó después a la unificación con el partido representante del proletariado, con el Partido Socialista Popular, que no había encabezado la lucha en ese momento.

Por esas características nuestro movimiento está muy impregnado de la pequeña burguesía en cuanto a las personas físicas y de la ideología de la pequeña burguesía también. En el proceso de la lucha y la revolución, cada uno de nosotros fue evolucionando, porque incluso la mayoría de los dirigentes de la revolución por su extracción personal pertenece también a la pequeña burguesía, incluso la burguesía.

Estos son los lastres que se arrastran durante mucho tiempo, que no pueden cortarse en la mente de los hombres directamente de un día para otro. Incluso cuando se declara el carácter socialista de la revolución —carácter que es en su declaración posterior al hecho real que ya existía una revolución socialista porque habíamos tomado la mayoría de los medios de producción fundamentales en nuestras manos—, sin embargo, la ideología no caminaba parejamente en todo con los avances que la revolución había realizado en el terreno económico y en algunos aspectos del terreno ideológico.

Esa característica de nuestra revolución nos hace que debamos ser muy cautos en la caracterización del partido como dirigentes de toda la clase obrera, y sobre todo en sus relaciones específicas con cada uno de los distintos organismos administrativos, el ejército, la seguridad, etcétera.

Todavía nuestro partido no tiene estatutos. Todavía nuestro partido no está íntegramente formado siquiera. Entonces la pregunta es: ¿por qué no hay estatutos? Experiencia hay mucha; es decir, experiencia que ya tiene casi 50 años de práctica: ¿Qué es lo que pasa? Que hay algunas interrogantes de esta experiencia que nosotros quisiéramos resolver, y que no podemos resolver en una forma espontánea, o digamos con algunas características de superficialidad, porque hay determinaciones muy importantes para el porvenir de la revolución.

La ideología de las clases anteriormente dominantes está siempre presente en Cuba a través de esos reflejos de que les hablaba, en la conciencia de las gentes. Pero además está presente porque es continuamente exportada desde los Estados Unidos, que es el centro organizador de la reacción mundial, y que exporta físicamente saboteadores, bandidos, propagandistas de diversas formas y penetra prácticamente el territorio nacional salvo La Habana con las emisiones que constantemente lanza sobre nosotros.

Es decir, todo el pueblo de Cuba está en contacto perenne con la ideología de los imperialistas, que se transforma naturalmente aquí a través de aparatos de propaganda científicamente organizados para presentar la imagen oscura de un régimen que como el nuestro tiene que tener necesariamente imágenes oscuras, porque estamos en un periodo de transición y porque no hemos sido profesionales de la economía y la política con una amplia experiencia y con todo un equipo detrás, los que hemos dirigido la revolución.

Y al mismo tiempo presentan la característica más alucinante, más fetichista, del régimen capitalista. Todo eso se introduce en el país y a veces encuentra eco en el subconsciente de mucha gente. Despierta además cosas dormidas que han sido apenas aplacadas por la rapidez del proceso, por la enorme cantidad de descargas emotivas que hemos tenido que hacer nosotros para defender nuestra revolución, donde la palabra "revolución" se ha unido a la palabra "patria", a la defensa de todos los intereses, lo que para cada individuo es más sagrado, independientemente incluso ya de su extracción social.

Frente a la amenaza de una agresión termonuclear, como en octubre [de 1962], la unificación del pueblo era automática. Muchas gentes que incluso nunca habían hecho guardias en las milicias se presentaron para luchar. Hubo una transformación de todo el mundo ante la injusticia evidente. Era, en fin, el deseo de todo el mundo de demostrar su decisión de luchar en definitiva por su patria. Y era también la decisión de la gente que está frente a un peligro del cual no puede huir de ninguna manera con ninguna actitud neutral, porque frente a bombas atómicas no hay neutral ni embajadas, ni nada; lo aniquilan todo.

Así hemos ido caminando nosotros: a saltos, y a saltos disparejos, como caminan todas las revoluciones, profundizando nuestras ideología en determinados aspectos, aprendiendo más, desarrollando escuelas de marxismo. Y al mismo tiempo, por el continuo temor de no llegar a posiciones que vayan a detener la revolución e introducir por esa vía rectal los conceptos pequeñoburgueses, o la ideología del imperialismo a través de esas actitudes críticas frente a la tarea del partido en toda la organización del estado. Por eso todavía hoy no tenemos organizado debidamente el partido. Por eso hoy todavía no se ha llegado a cierto grado de institucionalización en cuanto a la alta dirección del estado que es necesario.

Pero nosotros también nos planteamos algunos problemas. Hay que instrumentar algo nuevo, que en nuestro concepto puede reflejar exactamente las relaciones que tienen que existir entre la masa y los gobernantes directamente y a través del partido. Así se han empezado a hacer distintas pruebas, pruebas piloto de administraciones locales de distintos tipos: en El Cano en una forma, en Güines de otra, en Matanzas de otra. En donde constantemente vamos viendo las ventajas y desventajas de todos esos sistemas —en los cuales existe la célula de una organización de tipo superior— y lo que representan para el desarrollo de la revolución y sobre todo para el desarrollo de la planificación centralizada.

Dentro de todo este maremágnum, de estas luchas ideológicas

entre distintos sostenedores por lo menos de ideas distintas, aunque no haya tendencias o corrientes definidas, se fijó el trabajo de la juventud que empezó a funcionar. Primero como desprendimiento del Ejército Rebelde; después adquiriendo una profundidad ideológica mayor; y después transformándose en la Unión de Jóvenes Comunistas, ya digamos de antesala del hombre de partido, y necesariamente con la obligación de adquirir una formación ideológica superior.

Frente a estos problemas no había ninguna discusión, pero había algunas discusiones frente a cuál era el papel de la juventud práctica, real. ¿La juventud debe reunirse tres, cuatro, cinco horas a discutir sabios temas filosóficos? Puede hacerlo; no está negado el que se haga eso. Es simplemente un problema de balance y de actitud frente a la revolución, frente al partido y sobre todo frente al pueblo. El plantearse la discusión de problemas teóricos indica una profundidad teórica alcanzada ya por la juventud. Pero plantearse solamente problemas teóricos indica que la juventud no ha podido escapar del mecanicismo y confunde los términos.

Así también se ha hablado de la necesaria espontaneidad, la alegría de la juventud. Entonces la juventud —y no digo yo este grupo del ministerio, sino como general— ha organizado la alegría. Entonces los jóvenes dirigentes se han puesto a pensar qué es lo que debe hacer la juventud, porque debe ser alegre, según definición. Y eso precisamente es lo que convertía en viejos a los jóvenes. ¿Cómo un joven tiene que ponerse a pensar qué es lo que debe ser la juventud?

Simplemente haga lo que piense, y eso tiene que ser lo que hace la juventud. Pero eso es lo que no sucedía, porque había todo un grupo de dirigentes que realmente estaban envejecidos. Ahora esa alegría y esa espontaneidad de la juventud es superficialidad. Una vez más también hay que tener cuidado en eso, y no confundir lo que la juventud de todo el mundo —y sobre todo la juventud cubana por las características de su pueblo— tiene de alegre, de fresco, de espontáneo, y la superficialidad. Son dos cosas absolutamente distintas. Se puede ser y se debe ser espontáneo y alegre, pero se debe ser profundo al mismo tiempo. Entonces aquí se plantea uno de los problemas más difíciles de resolver cuando se plantea como discusión teórica. Porque, sencillamente, así es como debe ser la Juventud Comunista. Y no deben pensar en cómo ser, porque debe nacer de su interior.

Yo no sé si me estoy metiendo en honduras semifilosóficas, pero es uno de los problemas que más hemos discutido. El aspecto fundamental en el cual la juventud debe señalar camino es precisamente en el aspecto de ser vanguardia en cada uno de los trabajos que le compete.

Por eso muchas veces hemos tenido algunos problemitas con la juventud: porque no cortaba toda la caña que debía, porque no iba al trabajo voluntario lo suficiente. En definitiva, porque no se puede dirigir con teoría y menos puede haber un ejército de generales. El ejército puede tener un general, si es muy grande varios generales, o un comandante en jefe. Pero si no hay quien vaya al campo de batalla, no hay ejército. Y si en el campo de batalla el ejército no está dirigido por quienes van al frente a luchar, ese ejército no sirve. Y esa característica que tenía nuestro Ejército Rebelde, la característica de que los hombres que había tenido se habían distinguido en alguna forma en el campo de batalla por sus propias virtudes, eran los que eran ascendidos a algunos de los tres únicos grados que había en el Ejército Rebelde: teniente, capitán o comandante.

Y por lo menos en esas dos primeras categorías —teniente o capitán— eran quienes dirigían el combate. Entonces esto es lo que nosotros necesitamos: tenientes, capitanes, como se nos quiera llamar, quitarles los títulos militares si quieren, pero la gente que vaya adelante, que muestre con su ejemplo. Seguir o hacerse seguir es una tarea que puede hacerse a veces difícil, pero que es enormemente más fácil que empujar para que otros caminen por un camino inexplorado todavía sobre el cual nadie ha dado el primer paso.

A la juventud le faltaba recoger entonces los grandes problemas que se planteaba el gobierno, como problema de decisión de masa, convertirlos en su propio anhelo y marchar por ese camino a la vanguardia. Dirigida y orientada por el partido, debe marchar a la vanguardia.

Al cambiarse todos los malos métodos de dirección y establecer la elección de los trabajadores ejemplares, trabajadores de vanguardia —trabajadores que en el frente del trabajo eran los que realmente podían hablar con autoridad y los que iban en el frente— se produce el primer cambio cualitativo importante en nuestro partido,[1] cambio que no es único y que debe ser seguido de toda una serie de medidas organizativas, pero que marca el aspecto más importante de nuestra transformación. Y en la juventud ha habido también una serie de cambios.

Ahora, la insistencia mía en este punto, la insistencia que continuamente les he hecho, es para que no dejen de ser jóvenes, no se transformen en viejos teóricos o teorizantes. Conserven la frescura de la juventud. Sean capaces de recibir las grandes consignas del gobierno, transformarlas internamente y convertirse en motores impulsores de todo el movimiento de masa, marchando a la vanguardia. Para eso hay que saber seleccionar cuáles son los grandes aspectos sobre los cuales el gobierno insiste, gobierno que es representación del pueblo y es partido al mismo tiempo por otro.

Por otra parte hay que balancear y jerarquizar. Estas son las tareas que debe cumplir la juventud.

Ahora ustedes han hablado de la revolución técnica. Este es uno de los aspectos más importantes, de las tareas más concretas, más adaptadas a la mentalidad de la juventud. Pero a la revolución técnica no puede irse sola, porque revolución técnica está sucediendo en el mundo, en todos los países, socialistas y no socialistas, avanzados, naturalmente.

En los Estados Unidos hay una revolución técnica. En Francia hay una tremenda revolución técnica, en Inglaterra, en la RFA [Re-

---

1. Como parte de la reorganización de las Organizaciones Revolucionarias Integradas (ORI) al formarse el Partido Unido de la Revolución Socialista (PURS) en 1963, se estableció un procedimiento en que los trabajadores son nominados a la cantera de la cual el partido selecciona sus miembros por sus compañeros de trabajo en asambleas realizadas en los centros de trabajo. Este procedimiento sigue vigente hoy día en el Partido Comunista de Cuba.

pública Federal de Alemania]. Y no tienen nada de países socialistas. Entonces la revolución técnica debe tener un contenido de clase, un contenido socialista. Y para eso se necesita que haya en la juventud una transformación necesaria para que sea auténtico ese motor impulsor; es decir, se vayan liquidando todos los resabios de la vieja sociedad que ha muerto. No se puede pensar en la revolución técnica sin pensar al mismo tiempo en una actitud comunista ante el trabajo. Y eso es sumamente importante. Si no hay una actitud comunista frente al trabajo, no hable de revolución técnica socialista.

Eso es simplemente el reflejo en Cuba de la revolución técnica que se está operando por los grandes cambios ocurridos a raíz de los últimos inventos y descubrimientos de la ciencia. Estas son cosas que no pueden estar separadas. Y la actitud comunista ante el trabajo consiste en los cambios que van ocurriendo en la mente del individuo, cambios que necesariamente serán largos. Y que no se puede aspirar a que sean completos en un corto periodo, en los cuales el trabajo ha de ser lo que todavía es hoy: esa obligatoriedad compulsiva social para transformarse en una necesidad social. Es decir, la transformación —la revolución técnica— dará la oportunidad de llegar aproximadamente a lo que más le interesa en la vida, en sus trabajos, investigaciones, estudios de todo tipo. Y la actitud frente a este trabajo será una actitud totalmente nueva. El trabajo será el día domingo de hoy, no el domingo del corte de caña, sino el domingo de no corte de caña. Es decir, tendrán la representación de lo necesario, de las sanciones obligadas.

Pero para eso hay que pasar un proceso largo, y ese proceso se va creando en hábitos adquiridos mediante el trabajo voluntario, por ejemplo. ¿Por qué insistimos tanto en trabajo voluntario? Económicamente significa casi nada. Los voluntarios incluso que van a cortar caña —que es la tarea más importante que realizan desde el punto de vista económico— no dan resultado. Un cortador de caña del ministerio corta cuatro o cinco veces menos que un cortador de caña que ha hecho eso habitualmente toda su vida. Pero que hoy tiene una importancia económica por la escasez de brazos que hay.

Ahora lo importante es que una parte de la vida del individuo se entrega a la sociedad sin esperar nada, sin retribución de ningún tipo y solamente en cumplimiento del deber social. Allí empieza a crearse lo que después, por el avance de la técnica, por el avance de la producción y de las relaciones de producción, alcanzará un tipo más elevado, se convertirá en la necesidad social.

Si todos son capaces de unir en cada momento la capacidad para transformarse internamente en cuanto a los estudios ante la actitud frente a la nueva técnica, y al mismo tiempo la capacidad para rendir en su puesto de trabajo como vanguardia, avanzaremos. Y acostumbrarse a hacer del trabajo productivo, poco a poco, algo que significa tanto que se convierte de momento y a través del tiempo en una necesidad, entonces serán automáticamente vanguardias dirigentes de la juventud, y no tendrán nunca que plantearse qué hacer. Harán simplemente lo que en un momento dado luzca lo más lógico. No tendrán que buscar qué es lo que a la juventud le va a gustar.

Ustedes serán automáticamente juventud y representación de los más avanzados de la juventud. No tengan nunca miedo los que son jóvenes, jóvenes de espíritu sobre todo, preocuparse de lo que hay que hacer para agradar. Simplemente hacer lo que sea necesario, lo que luzca lógico en un momento dado. Allí la juventud será dirigente.

Hoy se ha iniciado todo ese proceso, digamos, de politización de este Ministerio [de Industrias], que verdaderamente es frío, que es bastante burocrático, un nido de burócratas meticulosos y machacones, del ministro para abajo, que están ahí constantemente peleando con tareas concretas para ir buscando nuevas relaciones y nuevas actitudes.

Ahora, ustedes se quejaban —la juventud— de que habían organizado, en los días que yo no vine estaba vacío, y entonces que dijera esto. Bueno, yo lo puedo decir, pero yo no puedo decir a nadie que venga aquí. ¿Qué es lo que pasa? Aquí pasa simplemente que hay una falta de comunicación, o una falta de interés, que no ha sido vencida por la gente encargada de vencerla. Y esa es una tarea concreta del ministerio. Es una tarea de la juventud, vencer la indiferencia del ministerio. Claro que siempre cabe la autocrítica y siempre cabe el análisis de que no se ha hecho lo suficiente para estar en comunicación con la gente constantemente.

Es verdad, pero también cuando uno hace la autocrítica debe hacerla completa, porque la autocrítica no es flagelación sino análisis de la actitud de cada uno. Y también el enorme trabajo que uno tiene sobre los hombros —uno tras otro y todos amontonados— impide que se pueda tener otro tipo de relación e impulsar una relación, digamos, más humana, menos dirigida por los canales burocráticos a través de los papeles.

Eso vendrá con el tiempo, cuando el trabajo no sea tan imperioso y también cuando se logre toda una serie de cuadros en que descansar, donde todos los trabajos sean cumplidos siempre, donde la desconfianza en el trabajo no tenga que ser una de las características desgraciadas de toda esta época de la revolución. Donde hay que chequear personalmente los papeles, hacer cuentas personalmente en las estadísticas, y donde todavía se encuentran errores a cada rato. Entonces, cuando toda esa época desaparezca —y va en camino de desaparecer, y desaparecerá pronto— y todos los cuadros estén más fortalecidos, todos hayamos avanzado un poquito más, naturalmente que habrá tiempo para otro tipo de contacto. Contacto que no quiere decir el hecho de que vaya un ministro, un director a decir cómo le va la familia a fulano o a mengano, sino a organizar contactos que nos permitan a todos trabajar mejor aquí y afuera y conocernos mejor.

Porque el socialismo ahora, en esta etapa de construcción de socialismo y comunismo, no se han hecho simplemente para tener nuestras fábricas brillantes. Se están haciendo para el hombre integral. El hombre debe transformarse conjuntamente con la producción que avance. Y no haríamos una tarea adecuada si solamente fuéramos a la vez productores de artículos, de materia prima y no fuéramos a la vez productores de hombres.

Aquí está una de las tareas de la juventud: impulsar, dirigir con el ejemplo de la producción del hombre del mañana. Y en esa producción y en la dirección está incluida la producción propia, porque nadie es perfecto, ni mucho menos. Y todo el mundo debe ir mejorando sus cualidades mediante el trabajo, las relaciones humanas, el estudio profundo, las discusiones críticas: todo eso es lo que va transformando a la gente. Todo lo sabemos porque han pasado cinco años largos desde que nuestra revolución triunfó; siete años también largos desde que desembarcamos los primeros y empezaron las luchas de la última etapa. Y cualquiera que mira atrás y piense lo que era siete años antes, se da cuenta de que el camino que se ha recorrido es mucho, muy grande, pero todavía falta mucho.

Esas son las tareas, y lo fundamental es que la juventud comprenda dónde está situada y cuál va a ser su tarea fundamental. Que no la jerarquice más allá de lo que deba. Que no se considere el centro de todo el universo socialista. Pero sí se analice un eslabón importante, y muy importante, que es el eslabón que apunta al porvenir.

Nosotros ya vamos en declinación, a pesar de que todavía perteneceríamos geográficamente, digamos, a la juventud. Hemos pasado por muchos trabajos duros. Hemos tenido las responsabilidades de dirigir un país en momentos tremendamente difíciles, y todo eso envejece, naturalmente, gasta. Y dentro de unos años nuestra tarea será ya, a los que quedemos, el retirarnos a cuarteles de invierno para que las nuevas generaciones ocupen nuestro lugar. De todas maneras, creo que hemos cumplido con cierta dignidad un papel importante. Pero no estaría completa nuestra tarea si no supiéramos retirarnos a tiempo. Y también otra tarea de ustedes es crear la gente que nos reemplace. De manera que el hecho de que nosotros seamos dejados en el olvido, como cosa del pasado, pasa a ser uno de los índices más importantes de la tarea de toda la juventud y de todo el pueblo.

FOTOS: GRANMA

Arriba: Fidel Castro habla en la ceremonia del 17 de octubre de 1997 en Santa Clara, donde se depositaron los restos del Comandante Ernesto Che Guevara y otros combatientes caídos en Bolivia en 1967. Sentados: el General de Ejército Raúl Castro, ministro de las Fuerzas Armadas Revolucionarias, y Carlos Lage, vicepresidente del Consejo de Estado. **Abajo:** Parte de la multitud de decenas de miles de personas que rindieron tributo.

"Che fue un verdadero comunista y hoy es ejemplo y paradigma de revolucionario y comunista".

Che y sus hombres llegan como refuerzos

Fidel Castro rinde tributo a Che y sus compañeros
17 de octubre de 1997

En 1965 Ernesto Che Guevara renunció a sus cargos políticos, militares y de otra índole. "Otras tierras del mundo reclaman el concurso de mis modestos esfuerzos", le escribió en su carta de despedida a Fidel Castro. En octubre de 1967 Che fue asesinado en Bolivia mientras luchaba para derribar a la dictadura militar respaldada por Washington en ese país y para forjar lazos con las luchas revolucionarias ascendentes en su país de origen, Argentina, y otras partes del Cono Sur de Latinoamérica.

Durante las más de tres décadas desde su muerte en combate, el legado político comunista de Che Guevara ha sido fundamental en la trayectoria de la Revolución Cubana. Su ejemplo sigue inspirando a millones de trabajadores y jóvenes tanto en Cuba como en el resto del mundo.

En 1997 los restos de Che Guevara, enterrados muy secretamente por el régimen boliviano, fueron descubiertos junto con los de otros seis combatientes revolucionarios de Bolivia, Cuba y Perú que lucharon a su lado. Los parientes más cercanos de estos combatientes solicitaron que se les trasladara a Cuba, donde cientos de miles de trabajadores y jóvenes cubanos se movilizaron para rendirles tributo y expresar su voluntad de mantenerse fieles a su trayectoria revolucionaria.

El presidente cubano Fidel Castro pronunció el siguiente discurso el 17 de octubre, en una ceremonia solemne en Santa Clara, donde los restos de los combatientes fueron depositados en el memorial dedicado a Ernesto Che Guevara y sus compañeros.

*

Familiares de los compañeros caídos en combate; invitados; villaclareños; compatriotas: [*aplausos*]

139

Con emoción profunda vivimos uno de esos instantes que no suelen repetirse.

No venimos a despedir al Che y sus heroicos compañeros. Venimos a recibirlos.

Veo al Che y a sus hombres como un refuerzo, como un destacamento de combatientes invencibles, que esta vez incluye no sólo cubanos sino también latinoamericanos que llegan a luchar junto a nosotros y a escribir nuevas páginas de historia y de gloria.

Veo, además, al Che como un gigante moral que crece cada día, cuya imagen, cuya fuerza, cuya influencia se han multiplicado por toda la tierra.

¿Cómo podría caber bajo una lápida?

¿Cómo podría caber en esta plaza?

¿Cómo podría caber únicamente en nuestra querida pero pequeña isla?

Sólo en el mundo con el cual soñó, para el cual vivió y por el cual luchó hay espacio suficiente para él.

Más grande será su figura cuanta más injusticia, más explotación, más desigualdad, más desempleo, más pobreza, hambre y miseria imperen en la sociedad humana.

Más se elevarán los valores que defendió cuanto más crezca el poder del imperialismo, el hegemonismo, la dominación y el intervencionismo, en detrimento de los derechos más sagrados de los pueblos, especialmente los pueblos débiles, atrasados y pobres que durante siglos fueron colonias de Occidente y fuentes de trabajo esclavo.

Más resaltará su profundo sentido humanista cuantos más abusos, más egoísmos, más enajenación; más discriminación de indios, minoría étnicas, mujeres, inmigrantes; cuantos más niños sean objeto de comercio sexual u obligados a trabajar en cifras que ascienden a cientos de millones; cuanta más ignorancia, más insalubridad, más inseguridad, más desamparo.

Más descollará su ejemplo de hombre puro, revolucionario y consecuente mientras más políticos corrompidos, demagogos e hipócritas existan en cualquier parte.

Más se admirará su valentía personal o integridad revolucionaria mientras más cobardes, oportunistas y traidores puedan haber sobre la tierra; más su voluntad de acero mientras más débiles sean otros para cumplir el deber; más su sentido del honor y la dignidad mientras más personas carezcan de un mínimo de pundonor humano; más su fe en el hombre mientras más escépticos; más su optimismo mientras más pesimistas; más su audacia mientras más vacilantes; más su austeridad, su espíritu de estudio y de trabajo, mientras más holgazanes despilfarren en lujos y ocios el producto del trabajo de los demás.

Che fue un verdadero comunista y hoy es ejemplo y paradigma de revolucionario y de comunista.

Che fue maestro y forjador de hombres como él. Consecuente con sus actos, nunca dejó de hacer lo que predicaba, ni de exigirse a sí mismo más de lo que exigía a los demás.

Siempre que fue necesario un voluntario para una misión difícil, se ofrecía el primero, tanto en la guerra como en la paz. Sus grandes sueños los supeditó siempre a la disposición de entregar generosamente la vida. Nada para él era imposible, y lo imposible era capaz de hacerlo posible.

La invasión desde la Sierra Maestra a través de inmensos y desprotegidos llanos, y la toma de la ciudad de Santa Clara con unos pocos hombres, dan testimonio entre otras acciones de las proezas de que era capaz.[1]

Sus ideas acerca de la revolución en su tierra de origen y en el resto de Suramérica, pese a enormes dificultades, eran posibles. De haberlas alcanzado, tal vez el mundo de hoy habría sido diferente. Vietnam demostró que podía lucharse contra las fuerzas intervencionistas del imperialismo y vencerlas. Los sandinistas [en Nicaragua] vencieron contra uno de los más poderosos títeres de Estados Unidos. Los revolucionarios salvadoreños estuvieron a punto de alcanzar la victoria. En Africa el apartheid, a pesar de que

---

1. Ver la página 33.

poseía armas nucleares, fue derrotado. China, gracias a la lucha heroica de sus obreros y campesinos, es hoy uno de los países con más perspectivas en el mundo. Hong Kong tuvo que ser devuelto después de 150 años de ocupación, que se llevó a cabo para imponer a un inmenso país el comercio de drogas.

No todas las épocas ni todas las circunstancias requieren de los mismos métodos y las mismas tácticas. Pero nada podrá detener el curso de la historia; sus leyes objetivas tienen perenne validez. El Che se apoyó en esas leyes y tuvo una fe absoluta en el hombre. Muchas veces los grandes transformadores y revolucionarios de la humanidad no tuvieron el privilegio de ver realizados sus sueños tan pronto como lo esperaban o lo deseaban, pero más tarde o más temprano triunfaron.

Un combatiente puede morir, pero no sus ideas.

¿Qué hacía un hombre del gobierno de Estados Unidos allí donde estaba herido y prisionero el Che?[2] ¿Por qué creyeron que matándolo dejaba de existir como combatiente? Ahora no está en La Higuera, pero está en todas partes, dondequiera que haya una causa justa que defender. Los interesados en eliminarlo y desaparecerlo no eran capaces de comprender que su huella imborrable estaba ya en la historia y su mirada luminosa de profeta se convertiría en un símbolo para todos los pobres de este mundo, que son miles de millones. Jóvenes, niños, ancianos, hombres y mujeres que supieron de él, las personas honestas de toda la tierra, independientemente de su origen social, lo admiran.

Che está librando y ganando más batallas que nunca.

¡Gracias, Che, por tu historia, tu vida y tu ejemplo!

¡Gracias por venir a reforzarnos en esta difícil lucha que estamos librando hoy para salvar las ideas por las cuales tanto luchaste, para salvar la revolución, la patria y las conquistas del socialismo, que es parte realizada de los grandes sueños que albergaste! [*Aplausos*] Para

---

2. Un agente de la CIA, Félix Rodríguez, acompañó a los que habían capturado a Che Guevara y ayudó a dirigir su ejecución a manos del ejército boliviano en el pueblo de La Higuera.

llevar a cabo esta enorme proeza, para derrotar los planes imperialistas contra Cuba, para resistir el bloqueo, para alcanzar la victoria, contamos contigo. [*Aplausos*]

Como ves, esta tierra que es tu tierra, este pueblo que es tu pueblo, esta revolución que es tu revolución, siguen enarbolando con honor y orgullo las banderas del socialismo. [*Aplausos*]

¡Bienvenidos, compañeros heroicos del destacamento de refuerzo! ¡Las trincheras de ideas y de justicia que ustedes defenderán junto a nuestro pueblo, el enemigo no podrá conquistarlas jamás! ¡Y juntos seguiremos luchando por un mundo mejor!

¡Hasta la victoria siempre!

[*Ovación*]

NOTAS DE GLOSARIO

Albizu Campos, Pedro (1891–1965) — Dirigente del Partido Nacionalista de Puerto Rico. El gobierno norteamericano lo encarceló o mantuvo bajo arresto domiciliario por un total de casi un cuarto de siglo a causa de sus actividades independentistas: en 1937–47, 1950–53 y 1954–64. Quedó paralizado después de sufrir un derrame cerebral en prisión en 1956. No fue excarcelado sino hasta poco antes de su muerte.

Arbenz, Jacobo (1914–1971) — Electo presidente de Guatemala en 1951, fue derrocado por un golpe de estado apoyado por Washington en 1954.

Asociación de Jóvenes Rebeldes (AJR) — Ver Unión de Jóvenes Comunistas.

Bahía de Cochinos. Ver Playa Girón.

Batista Zaldívar, Fulgencio (1901–1973) — Como repercusión de la revolución popular de agosto de 1933 que derrocó la tiranía de Gerardo Machado, en el seno del ejército cubano surgió un movimiento de clases y soldados contra a la oficialidad machadista. El sargento-taquígrafo Fulgencio Batista fue uno de sus líderes. Batista llegó a ser jefe del estado mayor y, con el apoyo de la embajada norteamericana, surgió como hombre fuerte del régimen, implantando un terror brutal contra las organizaciones populares. El ascenso revolucionario fue suprimido y Batista permaneció en el poder hasta 1944, cuando dejó el cargo, reteniendo una base dentro de la oficialidad del ejército.

El 10 de marzo de 1952, Batista organizó un golpe militar contra el gobierno encabezado por Carlos Prío, dirigente del Partido Auténtico, y suspendió las elecciones inminentes. Con apoyo de Washington, Batista impuso una dictadura militar cada vez más brutal, que duró hasta el 1 de enero de 1959. En esa fecha, conforme sus fuerzas militares y policiacas se rendían al victorioso Ejército Rebelde que avanzaba bajo el mando de Fidel Castro, y a la vez que se propagaba una huelga general e insurrección popular, Batista huyó del país.

Ben Bella, Ahmed (n. 1918) — Dirigente del Frente de Liberación Nacional (FLN) de Argelia, el cual movilizó al pueblo argelino en la lucha por la independencia contra Francia en 1954-62. Ben Bella fue presidente del gobierno de trabajadores y campesinos que llegó al poder tras la victoria sobre París en 1962. Colaboró estrechamente con el gobierno cubano para impulsar luchas antiimperialistas en Africa y América Latina. Fue derrocado por un golpe de estado dirigido por Huari Bumedián en junio de 1965.

Betancourt, Rómulo (1908–1981) — Presidente de Venezuela de 1945 a 1948 y de 1958 a 1964. Dirigente del partido liberal Acción Democrática.

Blest, Clotario (1899–1990) — Dirigente por muchos años del movimiento sindical chileno, presidente de la Central Unica de Trabajadores de Chile (CUTCH) y partidario de la Revolución Cubana.

Bolívar, Simón (1783–1830) — Conocido como El Libertador. Patriota latinoamericano, nacido en Caracas. Dirigió una rebelión armada que ayudó a conquistar la independencia contra el coloniaje español en gran parte de América Latina.

Boti, Regino, hijo (1923–1999) — Nacido en Guantánamo, Cuba, estudió primero en la Universidad de La Habana, donde se graduó en derecho civil, y después en la Universidad de Harvard se recibió en economía, moneda y banco. Más adelante colaboró en la Comisión Económica para América Latina de la ONU. Durante la guerra revolucionaria cubana fue colaborador del Movimiento 26 de Julio. Se desempeñó como ministro de economía cubano de 1959 a 1964.

Campaña de Alfabetización — Desde fines de 1960 hasta 1961, el gobierno revolucionario emprendió una campaña de alfabetización para enseñar a leer y escribir a un millón de cubanos. La esencia de esta campaña fue la movilización de cien mil jóvenes al campo, donde vivieron con los campesinos y trabajadores a quienes les enseñaban. Gracias a este esfuerzo, Cuba prácticamente eliminó el analfabetismo. Durante la Campaña de Alfabetización, nueve participantes, tanto alumnos como maestros, fueron asesinados por bandas contrarrevolucionarias, organizadas, armadas y financiadas por Washington.

Castillo Armas, Carlos (1914–1957) — Coronel de las fuerzas armadas guatemaltecas, fue instalado como dictador con el golpe patrocinado por Washington que derrocó al gobierno de Jacobo Arbenz en 1954. Fue asesinado en 1957.

Castro Ruz, Fidel (n. 1926) — Nació y creció en la provincia de Oriente en Cuba. Dirigente estudiantil en la Universidad de La Habana a partir de 1945. Miembro fundador del Partido Ortodoxo en 1947, y principal organizador de la juventud del partido que tenía disposición revolucionaria. Uno de los candidatos del partido para la cámara de representantes en las elecciones de 1952, suspendidas tras el golpe de estado de Batista. Fidel Castro dirigió el asalto del 26 de julio de 1953 a los cuarteles Moncada y Bayamo, que inició la lucha revolucionaria contra la dictadura, y fue condenado a quince años de cárcel. Su alegato ante el tribunal, "La historia me absolverá", que él puso por escrito y sacó clandestinamente de la prisión, se distribuyó por toda Cuba en decenas de miles de ejemplares y se convirtió en el programa del movimiento revolucionario para derrocar el régimen batistiano. Excarcelado en 1955 tras una masiva campaña de amnistía, dirigió la fundación del Movimiento Revolucionario 26 de Julio unas semanas después.

En México, preparó la fuerza expedicionaria que regresó a Cuba en el yate *Granma* en diciembre de 1956. Desde la Sierra Maestra, comandó el Ejército Rebelde durante la guerra revolucionaria de 1956–58. En mayo de 1958 asumió el cargo de secretario general del Movimiento 26 de Julio.

Fidel Castro fue primer ministro de Cuba desde febrero de

1959 hasta 1976, cuando fue electo presidente de los Consejos de Estado y de Ministros. Es comandante en jefe de las fuerzas armadas y ha sido el primer secretario del Partido Comunista de Cuba desde su fundación en 1965.

Castro Ruz, Raúl (n. 1931) — Nació y creció en la provincia de Oriente en Cuba. Dirigente estudiantil en la Universidad de La Habana, participó en el asalto al cuartel Moncada en 1953 y fue sentenciado a trece años de prisión. Fue excarcelado en mayo de 1955 tras una campaña nacional de amnistía. Miembro fundador del Movimiento 26 de Julio, participó en la expedición del *Granma*. En febrero de 1958 fue ascendido a comandante y encabezó el Segundo Frente Oriental.

Desde octubre de 1959 ha sido ministro de las Fuerzas Armadas Revolucionarias. Fue viceprimer ministro de 1959 a 1976, cuando fue electo primer vicepresidente de los Consejos de Estado y de Ministros. Desde 1965 ha sido el segundo secretario del Partido Comunista de Cuba. Ocupa el rango de general de ejército, el segundo oficial más alto de las Fuerzas Armadas Revolucionarias, después del comandante en jefe Fidel Castro.

Cienfuegos Gorriarán, Camilo (1932–1959) — Expedicionario del *Granma*, llegó a ser comandante del Ejército Rebelde en 1958. De agosto a octubre de 1958 dirigió una columna hacia occidente, desde la Sierra Maestra rumbo a Pinar del Río. Dirigió las operaciones en el norte de la provincia de Las Villas hasta el final de la guerra, trabajando en equipo con la columna que Che Guevara dirigía en el sur de la provincia. Fue nombrado jefe del Ejército Rebelde tras la victoria sobre Batista en enero de 1959. Su pequeño avión Cessna 310 se perdió sobre el mar en octubre de 1959 cuando regresaba a La Habana luego de cumplir una misión en Camagüey para combatir un motín contrarrevolucionario encabezado por Huber Matos.

Comités de Defensa de la Revolución (CDR) — Organizados en 1960 a nivel de cuadra como herramienta con la cual el pueblo cubano pudiera realizar vigilancia contra actividades contrarrevolucionarias. En los años posteriores también han servido de medio para organizar la participación en las manifestaciones de masas y participar en las campañas de vacunación y demás campañas de salud pública, en la defensa civil, en la lucha contra la delincuencia y en otras tareas cívicas.

Cuartel Moncada — El 26 de julio de 1953, unos 160 combatientes, en su gran mayoría jóvenes, bajo el mando de Fidel Castro lanzaron un ataque insurreccional contra el cuartel Moncada en Santiago de Cuba y otro, simultáneo, contra el cuartel de Bayamo, con lo que se dio inicio a la lucha armada revolucionaria contra la dictadura batistiana. Fracasado el ataque, las fuerzas de Batista masacraron a más de cincuenta de los revolucionarios capturados. Fidel Castro y otros veintisiete, incluidos Raúl Castro y Juan Almeida, fueron sometidos a juicio y condenados a penas de hasta quince años de cárcel. Fueron excarcelados el 15 de mayo de 1955 gracias a una campaña pública de defensa que obligó al régimen de Batista a otorgar una amnistía.

Diario de la Marina — Diario cubano reaccionario fundado en 1832, asociado al colonialismo español y a la jerarquía de la iglesia Católica. Se convirtió en un centro organizador de la contrarrevolución, y el gobierno revolucionario lo clausuró el 13 de mayo de 1960.

Díaz Lanz, Pedro Luis — Jefe de la fuerza aérea cubana desde enero hasta junio de 1959. Huyó a Estados Unidos el 29 de junio de 1959. Realizó un ataque aéreo contra La Habana el 21 de octubre de 1959.

Directorio Revolucionario 13 de Marzo — Organización formada en 1955 por José Antonio Echeverría y otros dirigentes de la Federación Estudiantil Universitaria en la lucha contra Batista. Organizó un ataque al Palacio Presidencial de Batista el 13 de marzo de 1957, en el cual murieron varios de sus dirigentes centrales, entre ellos Echeverría. Organizó una columna guerrillera en la sierra del Escambray en Las Villas en febrero de 1958, dirigida por Faure Chomón, que combatió bajo el mando de Che Guevara en los últimos meses de la guerra revolucionaria. Se fusionó en 1961 con el Movimiento 26 de Julio y el PSP en un proceso que llevó a la fundación del Partido Comunista de Cuba en 1965.

Dorticós, Osvaldo (1919–1983) — Coordinador regional del Movimiento 26 de Julio en Cienfuegos y decano del colegio municipal de abogados en esa ciudad; obligado a exiliarse en diciembre de 1958. Asumió la presidencia de Cuba en julio de 1959, y ocupó ese puesto hasta 1976. Cuando murió era miembro del Comité Central del Partido Comunista y del Buró Político.

Dulles, Allen (1893–1969) — Director de la Agencia Central de Inteligencia de Estados Unidos, 1953-61, supervisó las operaciones encubiertas de Washington —incluidas acciones terroristas en gran escala, asesinatos, golpes de estado e intentos de golpes— en Guatemala, Irán, el Congo, Cuba y otros países. Renunció tras el fiasco del gobierno norteamericano en Playa Girón. Hermano de John Foster Dulles.

Dulles, John Foster (1888–1959) — Secretario de estado norteamericano, 1953–59, en la administración de Dwight Eisenhower. Había sido por mucho tiempo abogado y accionista de la United Fruit Company (hoy United Brands).

Ejército Rebelde — Comenzó sus operaciones militares contra el régimen de Batista el 2 de diciembre de 1956, con el desembarco del *Granma* en la provincia de Oriente. Su victoria sobre las fuerzas del ejército batistiano en numerosos enfrentamientos decisivos, especialmente a partir de julio de 1958, dio impulso a un ascenso revolucionario por toda Cuba y selló el destino de la dictadura. Los cuadros del Ejército Rebelde se convirtieron en la columna vertebral de las nuevas instituciones revolucionarias que surgieron, incluidas las Fuerzas Armadas Revolucionarias, el Instituto Nacional de Reforma Agraria, las milicias, la policía, la Asociación de Jóvenes Rebeldes y, ya para octubre de 1959, la inmensa mayoría de los ministros del gobierno.

Enmienda Platt — Conocida por el nombre del senador estadounidense Orville Platt, la Enmienda Platt fue una disposición que Washington le impuso al gobierno cubano establecido durante la ocupación militar norteamericana después de 1898. Bajo esa enmienda —incorporada a la nueva constitución cubana— se le otorgó al gobierno norteamericano el "derecho" de intervenir en los asuntos cubanos en cualquier momento y para establecer bases militares en territorio cubano. La Enmienda Platt fue eliminada de la constitución cubana tras el ascenso revolucionario de 1933 y 1934 en ese país, pero Washington mantuvo su base naval en Guantánamo, concedida prácticamente a perpetuidad durante la ocupación norteamericana, así como otras formas de dominación política y económica tales como el tratado de reciprocidad comercial.

Fierro, Martín — Protagonista del poema épico de José Hernández, escritor argentino de fines del siglo XIX. La obra relata la vida de los gauchos de las pampas argentinas y denuncia la discriminación y explotación de que eran objeto.

Granma — Yate que llevó a ochentidós combatientes revolucionarios comandados por Fidel Castro de Tuxpan, México, a Cuba para iniciar la guerra revolucionaria contra el régimen de Fulgencio Batista respaldado por Washington. Los expedicionarios desembarcaron en el sureste de Cuba el 2 de diciembre de 1956. *Granma* ha sido el nombre del diario del Partido Comunista de Cuba desde 1965.

Guatemala, golpe de estado de 1954 — Fuerzas mercenarias apoyadas por Washington invadieron Guatemala en 1954 para tratar de aplastar las crecientes luchas políticas y sociales que acompañaban a la reforma agraria iniciada por el régimen de Jacobo Arbenz, medida que afectaba las extensas propiedades de la United Fruit y otras empresas norteamericanas. Arbenz rehusó armar a aquellos que estaban dispuestos a resistir, y renunció. Una dictadura militar derechista tomó el poder. Entre los que se ofrecieron para luchar contra el ataque organizado por el imperialismo estaba Ernesto Guevara, un joven médico que había ido a Guatemala atraído por su apoyo a la lucha que se desenvolvía en ese país.

Guillén, Nicolás (1902–1989) — Poeta cubano y miembro del Comité Nacional del Partido Socialista Popular antes de la revolución.

Perseguido por la tiranía, vivió en el exilio durante la guerra revolucionaria y regresó a Cuba en 1959. Asumió la presidencia de la Unión de Escritores y Artistas en 1961 y al momento de su muerte era miembro del Comité Central del Partido Comunista.

Hart, Armando (n. 1930) — Se incorporó a la Juventud Ortodoxa en 1947 en La Habana. Fue un dirigente del Movimiento Nacional Revolucionario tras el golpe de estado de Batista. En 1955 fue miembro fundador del Movimiento 26 de Julio y uno de los dirigentes del movimiento urbano clandestino. Fue encarcelado brevemente en 1957 y se escapó. Se desempeñó como coordinador nacional del Movimiento 26 de Julio desde principios de 1957 hasta enero de 1958, cuando fue capturado y encarcelado en la Isla de Pinos hasta el primero de enero de 1959. Fue ministro de educación, 1959–65; secretario de organización del Partido Comunista, 1965–70; ministro de cultura, 1976–97. Ha sido miembro del Comité Central del Partido Comunista desde 1965 y fue miembro del Buró Político, 1965–86.

Iglesias, Joel (n. 1941) — Nacido en las afueras de Santiago de Cuba, de familia campesina; se unió al Ejército Rebelde en 1957 y combatió en las columnas 4 y 8 bajo el mando de Che Guevara; ascendido a comandante al final de la guerra revolucionaria. En 1960 fue el primer presidente de la Asociación de Jóvenes Rebeldes, iniciada por el Departamento de Instrucción del Ejército Rebelde, y en 1962 el secretario general de la UJC. Fue miembro del Comité Central del Partido Comunista de 1965 a 1975.

INRA. Ver Reforma Agraria, Ley de.

Lenin, V.I. (1870–1924) — Continuador en la época imperialista de la obra teórica y práctica de Carlos Marx y Federico Engels, fue el dirigente central de la Revolución de Octubre de 1917 en Rusia. Fundador del Partido Bolchevique. Presidente del Consejo de Comisarios del Pueblo (gobierno soviético), 1917–24, y miembro del Comité Ejecutivo de la Internacional Comunista.

Lumumba, Patricio (1925–1961) — Dirigente de la lucha independentista en el Congo y primer ministro de este país luego de independizarse de Bélgica en junio de 1960. En septiembre de 1960, tras solicitar el envío de tropas de Naciones Unidas para contrarrestar los ataques de mercenarios organizados por el régimen belga, su gobierno fue derrocado en un golpe de estado respaldado por Washington. Las tropas de Naciones Unidas que supuestamente protegían a Lumumba no hicieron nada cuando fue capturado, encarcelado y luego asesinado en enero de 1961 por fuerzas congoleñas que colaboraban con Washington. En 1975 un comité investigador del Senado norteamericano llegó a la conclusión de que el jefe de la CIA, Allen Dulles, había dado la orden de asesinarlo; es más, se podía "inferir razonablemente" que la orden provenía del presidente Dwight Eisenhower.

Malcolm X (1925–1965) — Uno de los más destacados revolucionarios proletarios en la historia de Estados Unidos. Nacido de familia obrera, fue encarcelado durante su juventud. En prisión, al buscar una forma de enderezar su vida se unió a la Nación del Islam (NOI, Nation of Islam) y, después de su excarcelación en 1952, fue dirigente de esa organización. Como dirigente de la NOI en Harlem, y siendo partidario de la Revolución Cubana, le dio la bienvenida a Fidel Castro en septiembre de 1960 cuando éste se hospedó allí durante una visita a Nueva York para hablar ante Naciones Unidas. Repugnado al enterarse de la conducta política corrupta e hipócrita de la alta dirección de la Nación del Islam, rompió con la NOI a principios de 1964. Unos meses más tarde formó la Organización de Unidad Afroamericana, a la que podía afiliarse toda persona negra que buscara librar una lucha unitaria contra la desigualdad e injusticia social racistas y forjar alianzas con todos aquellos que estuvieran comprometidos con los objetivos revolucionarios internacionalistas que él impulsaba. Durante el último año de su vida, desarrolló una óptica más y más anticapitalista y prosocialista. Fue asesinado en Nueva York el 21 de febrero de 1965.

Mao Tse-tung (1893–1976) — Presidente del Partido Comunista Chino a partir de 1935, fue el dirigente central de la Tercera Revolución China y encabezó la República Popular China desde 1949 hasta su muerte.

Mariátegui, José Carlos (1895–1930) — Escritor peruano que, bajo el impacto de la Revolución Rusa, se vio atraído al marxismo mientras vivió en Europa, de 1919 a 1923. Tras su regreso a Perú fundó la revista *Amauta*. En 1928 Mariátegui ayudó a fundar el Partido Socialista de Perú, que tenía vínculos con la Internacional Comunista pero que no solicitó su ingreso formal. Mariátegui fue electo su secretario general. Ese mismo año sentó las bases para la creación de la primera central sindical del país, la Confederación General de Trabajadores del Perú. En 1929 la delegación del Partido Socialista a la Primera Conferencia de Partidos Comunistas Latinoamericanos, celebrada en Buenos Aires, fue criticada por los representantes de la Internacional Comunista, entre otros motivos, por no llamarse Partido Comunista y ponerse bajo la disciplina de la Comintern. Mariátegui murió antes de que se resolviera este asunto. Después de su muerte, la mayoría del Partido Socialista se convirtió en el Partido Comunista de Perú. Las acciones y los escritos de Mariátegui, como las de su contemporáneo cubano Julio Antonio Mella, han tenido un impacto en el movimiento revolucionario de América Latina que han trascendido las fronteras de su propio país.

Martí, José (1853–1895) — Destacado revolucionario, poeta, escritor, orador y periodista. Es el héroe nacional cubano. En 1892 fundó el Partido Revolucionario Cubano para combatir el dominio español y oponerse a los designios de Washington de dominar a Cuba. Organizó y planificó la guerra independentista de 1895, y murió en combate en Dos Ríos, provincia de Oriente. Su programa antiimperialista y revolucionario forma parte de las tradiciones y legado político internacionalistas de la Revolución Cubana.

Marx, Carlos (1818–1883) — Fundador, junto con Federico Engels (1820–1895), del movimiento obrero comunista moderno; arquitecto de sus fundamentos teóricos.

Matos, Huber (n. 1918) — Pequeño terrateniente en la provincia de

Oriente que se unió al Ejército Rebelde en marzo de 1958, lle-
gando a ser comandante de la Columna 9 del Tercer Frente co-
mandado por Juan Almeida. En octubre de 1959, siendo jefe
militar de la provincia de Camagüey, fue arrestado por intento
de rebelión contrarrevolucionaria y encarcelado hasta 1979.
Actualmente reside en Estados Unidos, donde encabeza la organización contrarrevolucionaria Cuba Independiente y Democrática.

Medrano, Humberto — Subdirector del periódico habanero *Prensa
Libre* de 1949 a 1960. Se opuso a las medidas del gobierno revolucionario y abandonó Cuba por la embajada panameña en
mayo de 1960. Por muchos años ha trabajado para las emisoras
Radio y TV Martí del gobierno norteamericano.

Mella, Julio Antonio (1903–1929) — Presidente de la Federación Estudiantil Universitaria y dirigente del movimiento por la reforma universitaria en Cuba en 1923. Fue uno de los dirigentes
fundadores del Partido Comunista de Cuba en 1925. Arrestado
por la policía de la dictadura machadista, se escapó a México en
1926, donde organizó actividades contra la dictadura y participó en las campañas internacionales para defender a Sacco y
Vanzetti, Augusto Sandino y otros. En 1927 asistió al congreso
en Bruselas de la Liga Anti-Imperialista, y después viajó a Moscú. Perseguido por los agentes de Machado, fue asesinado en
una calle de Ciudad de México en enero de 1929. Mella, Camilo
Cienfuegos y Ernesto Che Guevara son los tres ejemplos para la
juventud cubana hoy día que figuran en el emblema de la Unión
de Jóvenes Comunistas en Cuba.

Mikoyan, Anastas (1895-1978) — Se integró al Partido Bolchevique
en 1915. Miembro prominente de la cúpula del Partido Comunista soviético bajo Stalin, fue primer viceprimer ministro del
gobierno soviético entre 1955 y 1964, siendo responsable de dirigir el comercio exterior del país.

Miró Cardona, José (1902–1974) — Uno de los dirigentes de la oposición burguesa a Batista y presidente del colegio de abogados
cubano, fue primer ministro de Cuba en enero y febrero de 1959,

sustituido por Fidel Castro. En 1960 abandonó Cuba y se fue a Estados Unidos, donde fue presidente de la organización contrarrevolucionaria conocida como Frente Democrático Revolucionario y, más adelante, del Consejo Revolucionario Cubano en el exilio. Más tarde se fue a vivir a Puerto Rico.

Movimiento Revolucionario 26 de Julio — Fundado en junio de 1955 por Fidel Castro y otros participantes del asalto a los cuarteles Moncada en Santiago de Cuba y Carlos Manuel de Céspedes en Bayamo, activistas juveniles del ala izquierda del Partido Ortodoxo, y otras fuerzas revolucionarias; se separó del Partido Ortodoxo en marzo de 1956. Durante la guerra revolucionaria estaba compuesta por el Ejército Rebelde en las montañas (la Sierra) y la red urbana clandestina (el Llano), así como por revolucionarios en el exilio. En mayo de 1958 Fidel Castro asumió el cargo de secretario general. Publicó el periódico *Revolución*, que comenzó en la clandestinidad.

En 1961 el Movimiento 26 de Julio inició un proceso de fusión con el Partido Socialista Popular y el Directorio Revolucionario 13 de Marzo que condujo en 1965 a la fundación del Partido Comunista de Cuba, donde Fidel Castro fue electo su primer secretario.

Organización de Estados Americanos (OEA) — Creada en 1948 bajo la tutela del gobierno norteamericano, este organismo, integrado por la mayoría de los países de las Américas, ha sido un instrumento para promover los intereses de Washington. En una reunión ministerial de la OEA en Punta del Este, Uruguay, en 1961, Washington presentó un plan de "asistencia económica" norteamericana para América Latina denominado la Alianza para el Progreso. El representante de Cuba en esa reunión, Ernesto Che Guevara, expuso el carácter explotador de este programa y su función como arma destinada a contrarrestar el poder atractivo de la Revolución Cubana para millones de personas en todo el continente americano. En 1962 la OEA expulsó a Cuba, alegando que promovía la subversión por toda América Latina. La organización no tardó en apoyar las medidas económicas norteamericanas destinadas a asfixiar a Cuba y otros actos de agresión contra la revolución.

ORI (Organizaciones Revolucionarias Integradas). Ver Partido Comunista de Cuba.

País, Frank (1934–1957) — Vicepresidente de la Federación Estudiantil Universitaria en Oriente, fue el principal dirigente de Acción Revolucionaria de Oriente, más tarde denominada Acción Nacional Revolucionaria, que se fusionó en 1955 con los veteranos del asalto al Moncada y a otras fuerzas para conformar el Movimiento 26 de Julio. Fue el principal dirigente del Movimiento 26 de Julio en la provincia de Oriente, Jefe Nacional de Acción y Sabotaje, y jefe de sus milicias urbanas. Fue asesinado por fuerzas de la dictadura el 30 de julio de 1957.

Partido Comunista de Cuba — En 1961 el Movimiento Revolucionario 26 de Julio inició un proceso de fusión con el Partido Socialista Popular y el Directorio Revolucionario; las tres organizaciones habían pasado por deserciones y un reagrupamiento de fuerzas al ir desarrollándose la revolución. En 1961 se crearon las Organizaciones Revolucionarias Integradas. En 1963 se formó el Partido Unido de la Revolución Socialista (PURS) a partir de las ORI; y en octubre de 1965 se fundó el Partido Comunista de Cuba, con Fidel Castro como primer secretario de su Comité Central.

Partido Socialista Popular (PSP) — Nombre adoptado en 1944 por el Partido Comunista de Cuba fundado en 1925. El PSP se opuso activamente al golpe de 1952 y a la dictadura de Batista, pero rechazó la perspectiva política del asalto al Moncada y del Movimiento 26 de Julio y Ejército Rebelde al lanzar la guerra revolucionaria en 1956–57. El PSP participó en la campaña para salvar la vida de Fidel Castro y de los demás sobrevivientes del asalto al Moncada, y se sumó al esfuerzo nacional a favor de la amnistía que logró su excarcelación. El PSP colaboró con el Ejército Rebelde, y en 1958 se unió a la insurrección armada para tumbar a la dictadura de Batista. Al profundizarse la revolución tras la victoria de 1959, el PSP, al igual que el Movimiento 26 de

Julio y el Directorio Revolucionario, atravesó un proceso de diferenciación política. A mediados de 1961 se formaron las Organizaciones Revolucionarias Integradas por una fusión de los tres grupos, iniciándose el proceso que condujo a la fundación del Partido Comunista de Cuba en 1965.

Pérez Jiménez, Marcos (n. 1914) — Jefe del estado mayor del ejército venezolano, dirigió un golpe militar en 1948 que instaló una junta de tres hombres. Se autoproclamó presidente en 1952, y fue derrocado en 1958 por un levantamiento popular.

Playa Girón — El 17 de abril de 1961, una fuerza expedicionaria de 1 500 mercenarios cubanos invadió Cuba por la Bahía de Cochinos, en la costa sur de la isla. Organizados y financiados por el gobierno norteamericano, los contrarrevolucionarios pretendían ocupar una cabeza de playa durante un tiempo suficiente como para instalar en territorio cubano un gobierno provisional, ya formado en Estados Unidos, que habría de solicitar la ayuda e intervención directa de Washington. Sin embargo, las milicias y las Fuerzas Armadas Revolucionarias de Cuba derrotaron a los mercenarios en 72 horas. El 19 de abril capturaron en Playa Girón a los invasores que quedaban.

Prensa Libre — Periódico capitalista habanero que sirvió de centro organizador para la contrarrevolución. El gobierno revolucionario lo clausuró el 16 de mayo de 1960.

Quevedo, Angel — Teniente en la columna militar del Directorio Revolucionario durante la lucha contra Batista, fue ascendido a comandante en el Ejército Rebelde en 1959. Fue estudiante en la Universidad de La Habana ese año y presidente de la Comisión de Reforma Integral de la Universidad. Más adelante secretario general de la Federación Estudiantil Universitaria.

Quevedo, Miguel Angel — Director de la revista *Bohemia* hasta que huyó a Estados Unidos el 18 de julio de 1960.

Reforma Agraria, Ley de — Promulgada por el gobierno revolucionario el 17 de mayo de 1959, esta ley limitó las propiedades individuales de la tierra a 30 caballerías (400 hectáreas o aproximadamente mil acres). Al aplicarse la ley se confiscaron los enormes latifundios en Cuba, muchos de los cuales eran propiedad de acaudaladas familias y empresas estadounidenses. Estas tierras pasaron a manos del nuevo gobierno. La ley además otorgó a los aparceros, arrendatarios y precaristas el título a las tierras que trabajaban. Unas cien mil familias campesinas recibieron títulos. La ley creó el Instituto Nacional de Reforma Agraria (INRA) como instrumento para su aplicación. Al INRA se le otorgaron poderes muy amplios sobre prácticamente todos los aspectos de la economía. Bajo la dirección de los cuadros del Ejército Rebelde y del Movimiento 26 de Julio llegó a ser el principal organismo del gobierno que movilizó a los trabajadores y campesinos para defender sus intereses.

Una segunda reforma agraria, promulgada en 1963, confiscó las propiedades de más de cinco caballerías (67 hectáreas ó 165 acres) de extensión. Esta ley afectó a 10 mil granjeros capitalistas que aún eran dueños del 20 por ciento de la tierra agrícola de Cuba y armonizó las relaciones de propiedad en el agro con las ya establecidas mediante las nacionalizaciones de las industrias en los últimos meses de 1960.

Rivero, José Ignacio "Pepín" (n. 1920) — Director del derechista *Diario de la Marina* de 1947 a 1960. Opositor de la Revolución Cubana; se asiló en la sede del Vaticano en Cuba el 10 de mayo de 1960.

Sanguily, Manuel (1848–1925) — Veterano de la guerra de independencia cubana de 1868 a 1878. Luego ocupó un puesto en el gobierno cubano dominado por Washington; se opuso a la Enmienda Platt y a otros aspectos de la subordinación de Cuba a los intereses de Washington.

Sierra Maestra — Ubicada en el sureste de Cuba, es la sierra más alta de Cuba. Durante la guerra revolucionaria cubana, de 1956 a 1958, fue la base del Ejército Rebelde encabezado por Fidel Castro.

Turquino — El pico Turquino, en la Sierra Maestra, es la montaña más alta de Cuba.

Unión de Jóvenes Comunistas (UJC) — Nació de la Asociación de Jóvenes Rebeldes fundada por el Departamento de Instrucción del Ejército Rebelde en diciembre de 1959. Tras una fusión de las organizaciones juveniles prorrevolucionarias, la AJR integró a jóvenes del Movimiento 26 de Julio, del Directorio Revolucionario 13 de Marzo y de la Juventud Socialista del Partido Socialista Popular. Adoptó el nombre UJC el 4 de abril de 1962.

Ydígoras, Miguel (1895–1982) — Presidente de Guatemala de 1958 a 1963, cuando fue destituido por un golpe de estado. Enemigo declarado de la Revolución Cubana.

MAS LECTURA

En Che Guevara habla a la juventud, *los lectores hallarán referencias a sucesos históricos, discursos e individuos que puedan resultarles desconocidos. Las siguientes son sugerencias para lecturas adicionales.*

Castro, Fidel, "Discurso ante la Asamblea General de la ONU", 26 de septiembre de 1960. En *Obra Revolucionaria,* no. 26 de 1960, La Habana. También en *La revolución cubana* (México: Ediciones Era, 1972).

Castro, Fidel, *La historia me absolverá* (La Habana: Editora Política, 1999). El alegato de Fidel Castro ante el tribunal en 1953 que explicaba los objetivos políticos y sociales en Cuba iniciada con el asalato al cuartel Moncada.

Castro, Fidel, "Algunos problemas de los métodos y formas de trabajo de las ORI", 26 de marzo de 1962. Discurso televisado que explica la rectificación de prácticas en el funcionamiento de las Organizaciones Revolucionarias Integradas que, de haberse permitido que continuaran, habrían enajenado del partido a amplias capas de los campesinos y trabajadores. En *Obra Revolucionaria,* no. 10 de 1962, La Habana. También "Contra el sectarismo", en *La revolución cubana* (México: Ediciones Era, 1972).

Engels, Federico, *Ludwig Feuerbach y el fin de la filosofía clásica alemana.* Con el apéndice: Carlos Marx, "Tesis sobre Feuerbach". (Moscú: Editorial Progreso, 1980).

Guevara, Ernesto Che, "El socialismo y el hombre en Cuba", en *Ernesto Che Guevara: escritos y discursos,* tomo 8 (La Habana: Editorial de Ciencias Sociales, 1985) y *Ernesto Che Guevara: obras escogidas, 1957–1967,* tomo 2 (La Habana: Editorial de Ciencias

Sociales, 1991). También en *El socialismo y el hombre en Cuba* (Nueva York: Pathfinder, 1992).

Guevara, Ernesto Che, *Pasajes de la guerra revolucionaria* (La Habana: Editora Política, 1997).

Guevara, Ernesto Che, "Discurso en el segundo Seminario Económico de Solidaridad Afroasiática", pronunciado el 24 de febrero de 1965 en Argel. En *Ernesto Che Guevara: escritos y discursos,* tomo 9 (La Habana: Editorial de Ciencias Sociales, 1985), y también "En Argel", en *Ernesto Che Guevara: obras escogidas, 1957–1967,* tomo 2 (La Habana: Editorial de Ciencias Sociales, 1991).

Guevara, Ernesto Che, "Discurso en la entrega de certificados de trabajo comunista en el Ministerio de Industrias", discurso pronunciado el 15 de agosto de 1964. En *Ernesto Che Guevara: escritos y discursos,* tomo 8 (La Habana: Editorial de Ciencias Sociales, 1985), y también "Una actitud nueva frente al trabajo" en *Ernesto Che Guevara: obras escogidas, 1957–1967,* tomo 2 (La Habana: Editorial de Ciencias Sociales, 1991).

Guevara, Ernesto Che, "Sobre el sistema presupuestario de financiamiento". En *Ernesto Che Guevara: escritos y discursos,* tomo 8 (La Habana: Editorial de Ciencias Sociales, 1985) y *Ernesto Che Guevara: obras escogidas, 1957–1967,* tomo 2 (La Habana: Editorial de Ciencias Sociales, 1991). También en *El socialismo y el hombre en Cuba* (Nueva York: Pathfinder, 1992).

Guevara, Ernesto Che, "Sobre la concepción del valor". En *Ernesto Che Guevara: escritos y discursos,* tomo 7 (La Habana: Editorial de Ciencias Sociales, 1985) y *Ernesto Che Guevara: obras escogidas, 1957–1967,* tomo 2 (La Habana: Editorial de Ciencias Sociales, 1991). También en *Nueva Internacional* no. 2.

Guevara, Ernesto Che, "La planificación socialista, su significado". En *Ernesto Che Guevara: escritos y discursos,* tomo 8 (La Habana: Editorial de Ciencias Sociales, 1985) y *Ernesto Che Guevara: obras escogidas, 1957–1967,* tomo 2 (La Habana: Editorial de Ciencias Sociales, 1991). También en *Nueva Internacional* no. 2.

Lenin, V.I. Escritos y discursos sobre la cuestión nacional y colonial. En *Discursos pronunciados en los congresos de la Internacional*

Thank You!

0000164773236
Che Guevara habla a la juventud
Date Due: 8/29/2012,23:59

0000177412970
Jes£s el Esenio
Date Due: 8/29/2012,23:59

0000164934341
Justicia Global
Date Due: 8/29/2012,23:59

0000173803818
El origen de la Biblia
Date Due: 8/29/2012,23:59

Monday - Thursday: 9 AM to 8 PM
Friday: 9 AM to 5 PM
Sat: 10 AM to 5 PM Sun: 1 PM to 5 PM
6000 Wilson Road, Kansas City, MO 64123
Phone: (816) 701-3485
Fax: (816) 701-3495
www.kclibrary.org
checked out / # NOT checked out
4 / 0

Comunista (Moscú: Editorial Progreso).

Lenin, V.I., *La última lucha de Lenin: discursos y escritos, 1922–23* (Nueva York: Pathfinder, 1997).

Marx, Carlos, "Crítica del programa de Gotha", en *Obras Escogidas* (Moscú: Editorial Progreso, 1974).

La segunda declaración de La Habana *con* **La primera declaración de La Habana.** La primera declaración de La Habana fue emitida en septiembre de 1960 en respuesta a la Declaración de San José, Costa Rica, una condena de Cuba revolucionaria, orquestada por el gobierno norteamericano, en la Organización de Estados Americanos. La segunda declaración de La Habana, emitida en febrero de 1962, es un llamamiento a la lucha revolucionaria de los trabajadores y campesinos por todas las Américas. Cada declaración fue aprobaba por aclamación en una concentración de más de un millón de personas en La Habana. (Nueva York: Pathfinder, 1997).

INDICE

de Pathfinder

El desorden mundial del capitalismo

Política obrera al milenio
JACK BARNES

La devastación social, el pánico financiero, la turbulencia política, la brutalidad policiaca y los actos de agresión imperialista que se aceleran a nuestro alrededor no son caos. Son producto de fuerzas reglamentadas —y comprensibles— desatadas por el capitalismo. Se pueden cambiar con la solidaridad oportuna, la acción valiente y la lucha unitaria de los trabajadores y agricultores que estén conscientes de su capacidad de transformar el mundo. También en inglés y francés. US$24

El rostro cambiante de la política en Estados Unidos

La política obrera y los sindicatos
JACK BARNES

Una guía para las generaciones nuevas que hoy entran a las fábricas, los talleres y las minas, y que reaccionan ante la vida incierta, el tumulto constante y la brutalidad del capitalismo. Muestra cómo, al ir creciendo la resistencia política, millones de trabajadores se revolucionarán a sí mismos, cómo revolucionarán sus sindicatos y otras organizaciones y sus condiciones de vida y trabajo. También en inglés y francés. US$23

Wall Street enjuicia al socialismo

JAMES P. CANNON

Las ideas básicas del socialismo, explicadas en el testimonio durante el juicio contra 18 líderes de los Teamsters de Minneapolis y del Partido Socialista de los Trabajadores, quienes fueron objeto de cargos fabricados y encarcelados bajo la notoria Ley Smith "de la mordaza", durante la Segunda Guerra Mundial. También en inglés. US$15.95

■■ WWW.PATHFINDERPRESS.COM ■■

Para comprender la historia
Ensayos marxistas
GEORGE NOVACK

¿Cómo surgió el capitalismo? ¿Por qué y cuándo agotó este sistema de explotación su papel otrora revolucionario? ¿Por qué es fundamental el cambio revolucionario para el progreso humano? US$17.95

La última lucha de Lenin
Discursos y escritos, 1922–23
V.I. LENIN

A comienzos de la década de 1920, Lenin libró una batalla en la dirección de la Unión Soviética para mantener la perspectiva que había permitido a los trabajadores y campesinos derrocar el imperio zarista, emprender la primera revolución socialista y lanzar un movimiento comunista mundial. Los problemas planteados en esta lucha —desde la composición de clase del partido hasta la alianza de trabajadores y campesinos, y la batalla contra la opresión nacional— siguen siendo fundamentales a la política mundial. US$21.95

¿Sexo contra sexo o clase contra clase?
EVELYN REED

Explora las raíces sociales y económicas de la opresión de la mujer desde la sociedad prehistórica hasta el capitalismo moderno, y señala el camino hacia la emancipación. Incluye, "¿Es el factor biológico el que ha condicionado a la mujer?" US$18.95

Rebelión Teamster
FARRELL DOBBS

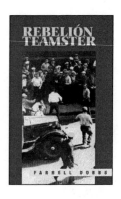

Las huelgas de 1934 que forjaron el movimiento sindical industrial en Minneapolis y ayudaron a allanar el camino para el Congreso de Organizaciones Industriales (CIO), según las narra uno de los dirigentes centrales de esas batallas. Primero de cuatro tomos sobre el liderazgo de lucha de clases en las huelgas y campañas de sindicalización que en gran parte del Medio Oeste transformaron al sindicato de camioneros Teamsters en un movimiento social combativo y que apuntaron en dirección de la acción política independiente por parte del movimiento obrero. US$19

La clase trabajadora y la transformación de la educación
El fraude de la reforma educativa bajo el capitalismo
JACK BARNES

"Hasta que la sociedad se reorganice para que la educación sea una actividad humana desde que aún somos muy jóvenes hasta el instante en que morimos, no habrá una educación digna de la humanidad creadora". US$3

Pathfinder nació con la Revolución de Octubre
MARY-ALICE WATERS

Pathfinder traza su continuidad hasta aquellos que emprendieron el esfuerzo mundial para defender y emular a la primera revolución socialista: la Revolución de Octubre de 1917 en Rusia. Desde los escritos de Marx, Engels, Lenin y Trotsky, hasta las palabras de Malcolm X, Fidel Castro y Che Guevara, y las de James P. Cannon, Farrell Dobbs y otros dirigentes del movimiento comunista en Estados Unidos hoy, los libros de Pathfinder buscan "impulsar el entendimiento, la confianza y la combatividad del pueblo trabajador", escribe Waters. US$3

La revolución traicionada
¿Qué es y adónde se dirige la Unión Soviética?
LEÓN TROTSKY

En 1917 la clase trabajadora y el campesinado en Rusia llevaron a cabo una de las revoluciones más profundas de la historia. Sin embargo, al cabo de diez años, una casta social privilegiada —cuyo principal vocero era José Stalin— estaba consolidando una contrarrevolución política. Este estudio clásico del estado obrero soviético y de su degeneración ilumina el origen de la crisis que hoy sacude a los países de la antigua Unión Soviética. US$22.95

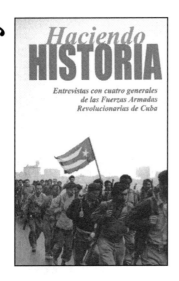

Haciendo historia
Entrevistas con cuatro generales de las Fuerzas Armadas Revolucionarias de Cuba

NÉSTOR LÓPEZ CUBA, ENRIQUE CARRERAS, JOSÉ RAMÓN FERNÁNDEZ, HARRY VILLEGAS

A través de las historias de cuatro destacados generales cubanos, cada uno con casi medio siglo de actividad revolucionaria, podemos percibir la dinámica de clases que ha definido toda nuestra época. Se nos permite comprender cómo el pueblo de Cuba, al luchar para construir una nueva sociedad, ha mantenido a raya a Washington por más de 40 años. US$15.95

Aldabonazo
En la clandestinidad revolucionaria cubana, 1952–58

ARMANDO HART

En este relato testimonial por uno de los dirigentes históricos de la Revolución Cubana, conocemos a los hombres y las mujeres que en la década de 1950 dirigieron la clandestinidad urbana en la lucha contra la cruel dictadura batistiana respaldada por Washington. Junto a sus compañeros del Ejército Rebelde, hicieron más que derrocar a la tiranía. Sus acciones y su ejemplo revolucionarios a nivel mundial cambiaron la historia del siglo XX . . . y la del siglo que viene. US$25

Pasajes de la guerra revolucionaria: Cuba, 1956–1959

ERNESTO CHE GUEVARA

Recuento testimonial de las campañas militares y los sucesos políticos que culminaron en enero de 1959 en la insurrección popular que tumbó a la dictadura de Batista. Con claridad y sentido del humor, Che Guevara describe cómo la lucha revolucionaria transformó a los hombres y mujeres del Ejército Rebelde y del Movimiento 26 de Julio, dirigidos por Fidel Castro. Y cómo estos combatientes forjaron una dirección política capaz de guiar a millones de trabajadores y campesinos a iniciar la revolución socialista en las Américas. Publicado por Editora Política, US$23.95

¡EE. UU. fuera del Oriente Medio!

Cuba habla en Naciones Unidas

FIDEL CASTRO, RICARDO ALARCÓN

Los argumentos contra la guerra de 1990–91 desatada por Washington contra Iraq, según los planteó el gobierno cubano en Naciones Unidas. US$15

Cuba y la revolución norteamericana que viene

JACK BARNES

"Primero se verá una revolución victoriosa en los Estados Unidos que una contrarrevolución victoriosa en Cuba". Ese juicio de Fidel Castro es hoy tan correcto como cuando lo planteó en 1961. Este libro, que trata sobre la lucha de clases en el corazón imperialista, explica por qué. US$13

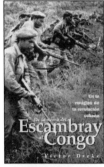

De la sierra del Escambray al Congo

En la vorágine de la Revolución Cubana

VÍCTOR DREKE

En este testimonio, Dreke describe lo fácil que resultó, tras la victoria de la Revolución Cubana en 1959, "quitar la soga" que segregaba a los negros de los blancos en un baile en la plaza del pueblo y, sin embargo, lo enorme que resultó la batalla para transformar las relaciones sociales que subyacían bajo todas esas "sogas" heredadas del capitalismo y del dominio yanqui. US$17

Che Guevara y la realidad imperialista

MARY-ALICE WATERS

"Este mundo de desorden capitalista —la realidad imperialista del siglo XXI— no le habría resultado extraño a Che", escribe Waters. "Lejos de desanimarse por los desafíos que enfrentamos, él habría examinado el mundo con precisión científica y trazado una perspectiva para vencer". US$3.50

www.pathfinderpress.com

La Revolución Cubana en el mundo de hoy

Revolucionarios

El manifiesto comunista
CARLOS MARX Y FEDERICO ENGELS

A fines de 1847 dos jóvenes revolucionarios se sumaron a los cuadros obreros veteranos de varios países para formar la primera organización comunista moderna. Su manifiesto de fundación, redactado por Marx y Engels, declaraba que su programa derivaba no de "principios sectarios" sino "de las condiciones reales de una lucha de clases existente, de un movimiento histórico que se desarrolla ante nuestros ojos". US$5

To Speak the Truth
(Hay que decir la verdad: por qué no cesa la 'Guerra Fría' de Washington contra Cuba)
FIDEL CASTRO Y CHE GUEVARA

En discursos históricos ante Naciones Unidas y sus organismos, Guevara y Castro se dirigen a los trabajadores del mundo, explicando por qué Washington odia tanto el ejemplo de la revolución socialista en Cuba y por qué los esfuerzos de Washington para destruirla fracasarán. En inglés. US$17

Puerto Rico: La independencia es una necesidad
RAFAEL CANCEL MIRANDA

En dos entrevistas, el dirigente independentista puertorriqueño Cancel Miranda —uno de los cinco nacionalistas puertorriqueños encarcelados por Washington por más de 25 años hasta 1979— habla sobre la realidad brutal del coloniaje norteamericano, la campaña para liberar a los presos políticos puertorriqueños, el ejemplo de la revolución socialista cubana, y el resurgimiento del movimiento independentista hoy. US$3

Terreno fértil: Che Guevara y Bolivia
RODOLFO SALDAÑA

Saldaña, uno de los bolivianos que se unieron a Che Guevara, habla sobre las batallas inconclusas de los mineros del estaño, de los campesinos y de los pueblos indígenas de su país que crearon un "terreno fértil" para la trayectoria revolucionaria de Che y que delinean el futuro de Bolivia y de América. De Editora Política. US$9.95

www.pathfinderpress.com

en sus propias palabras

En defensa del marxismo

Las contradicciones sociales y políticas de la Unión Soviética en la víspera de la Segunda Guerra Mundial

LEON TROTSKY

Trotsky responde en 1939–40 a quienes dentro del movimiento obrero revolucionario abandonaban la defensa del degenerado estado obrero soviético, sobre el que se cernía un ataque imperialista. Plantea por qué sólo un partido que lucha por integrar a más trabajadores a sus filas y a su dirección puede mantener una firme trayectoria revolucionaria. US$25

La historia del trotskismo americano 1928–38

Informe de un partícipe

JAMES P. CANNON

"El trotskismo no es un movimiento nuevo, una doctrina nueva", dice Cannon, "sino la restauración, el renacer del marxismo genuino según se propugnó y se practicó en la Revolución Rusa y en los primeros días de la Internacional Comunista". James P. Cannon relata un periodo decisivo en los esfuerzos por construir un partido proletario en Estados Unidos. US$22

El socialismo y el hombre en Cuba

ERNESTO CHE GUEVARA Y FIDEL CASTRO

La explicación más conocida de Che Guevara sobre las tareas y los desafíos políticos al conducir la transición del capitalismo al socialismo. Incluye "Planificación y conciencia en la transición al socialismo" y "Trabajo voluntario, escuela de conciencia comunista". Contiene también el discurso pronunciado por Fidel Castro en el vigésimo aniversario de la muerte de Che. US$15

Somos herederos de las revoluciones del mundo

Discursos de la revolución de Burkina Faso, 1983–87

THOMAS SANKARA

Sankara dirigió la revolución de 1983 a 1987 en Burkina Faso. En los cinco discursos aquí incluidos, explica cómo los campesinos y trabajadores de este país de África occidental establecieron un gobierno popular revolucionario y comenzaron a combatir el hambre, el analfabetismo y el atraso económico impuestos por la dominación imperialista, así como la opresión de la mujer heredada de milenios de sociedad de clases. Al hacerlo, han ofrecido un ejemplo no sólo a los trabajadores y pequeños agricultores de África, sino a los del mundo entero. US$7

AMPLÍE *Su biblioteca revolucionaria*

Malcolm X habla a la juventud

Cuatro charlas y una entrevista dadas por Malcolm X a jóvenes en Ghana, el Reino Unido y Estados Unidos, durante los últimos meses de su vida. Incluye su ponencia del debate celebrado en la Universidad de Oxford, Inglaterra, en diciembre de 1964 y hasta la fecha inédita. Concluye con dos homenajes ofrecidos por un joven dirigente socialista a este gran revolucionario, cuyo ejemplo y cuyas palabras siguen planteando la verdad para una generación tras otra de jóvenes. US$15

Imperialismo, fase superior del capitalismo
V.I. LENIN

"Querría abrigar la esperanza de que mi folleto ayudará a orientarse en el problema económico fundamental, sin cuyo estudio es imposible comprender nada cuando se trata de emitir un juicio sobre la guerra y la política actuales: el problema de la esencia económica del imperialismo", escribió Lenin en 1917. US$10

La emancipación de la mujer y la lucha africana por la libertad
THOMAS SANKARA

"No existe una verdadera revolución social sin la liberación de la mujer", explica Sankara, dirigente central de la revolución de 1983–87 en Burkina Faso. Los trabajadores y campesinos de ese país de África occidental establecieron un gobierno popular revolucionario y comenzaron a combatir el hambre, el analfabetismo y el atraso económico impuestos por el dominio imperialista. US$5

Su Trotsky y el nuestro

JACK BARNES

"La historia demuestra que organizaciones revolucionarias pequeñas van a enfrentar no sólo la prueba severa de guerras y depresión, sino también oportunidades potencialmente devastadoras que emergen de forma inesperada al estallar huelgas y luchas sociales. Al suceder esto, los partidos comunistas no sólo reclutan. También se fusionan con otras organizaciones obreras, y crecen hasta convertirse en partidos proletarios de masas que contienden por dirigir a los trabajadores y agricultores al poder. Esto presupone que con mucha antelación sus cuadros han asimilado un programa y una estrategia comunista mundial, son proletarios en su vida y su trabajo, derivan una satisfacción profunda —gozan— de la actividad política, y han forjado una dirección con un agudo sentido de lo próximo que toca hacer. *Su Trotsky y el nuestro* es sobre la construcción de tal partido". US$15 También en francés.

Marxismo y feminismo

MARY-ALICE WATERS

Desde la fundación del movimiento obrero revolucionario moderno hace unos 150 años, los marxistas han impulsado la lucha por los derechos de la mujer y han explicado que la opresión de la mujer tiene sus raíces económicas en la sociedad de clases. US$18.95

50 años de guerra encubierta

El FBI contra los derechos democráticos

LARRY SEIGLE Y OTROS

Describe la historia de espionaje y hostigamiento por parte del gobierno estadounidense contra los movimientos obrero, negro, antiguerra y demás movimientos sociales. Explica también la victoria a favor de los derechos democráticos lograda en 1986 mediante el juicio planteado por el Partido Socialista de los Trabajadores contra el espionaje y las medidas de desorganización del FBI. US$7 En inglés, en el número 6 de *New International*.

Todos estos títulos también se editan en inglés.

"Sin teoría revolucionaria,

DE LAS PÁGINAS DE 'NUEVA INTERNACIONAL'

C ada número de esta revista de política y teoría marxistas, presenta artículos por dirigentes del movimiento comunista que analizan el actual mundo de crisis económica capitalista, de conflictos inter-imperialistas que se agudizan y de una marcha acelerada hacia la guerra. Entre las cuestiones de estrategia revolucionaria obrera que se discuten en estas páginas están . . .

EL IMPERIALISMO NORTEAMERICANO HA PERDIDO LA GUERRA FRÍA

Jack Barnes

Al contrario de las esperanzas imperialistas en la secuela del colapso de regímenes en toda Europa oriental y la Unión Soviética que afirmaban ser comunistas, la clase trabajadora en esos países no ha sido aplastada. Sigue siendo un obstáculo tenaz a la estabilización de relaciones capitalistas, obstáculo que los explotadores tendrán que enfrentar en batallas de clases, en una guerra caliente. En *Nueva Internacional* no. 5. US$15 También en inglés, francés y sueco.

LOS CAÑONAZOS INICIALES DE LA TERCERA GUERRA MUNDIAL

Jack Barnes

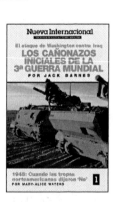

"La matanza de Washington en el Golfo en 1991 es la primera en una serie de conflictos y guerras que serán iniciados por los gobernantes estadounidenses en la década de 1990 . . . Nunca en el Oriente Medio ha sido tan grande la brecha entre las aspiraciones de las masas trabajadoras por la soberanía nacional, la democracia y la justicia social y las perspectivas políticas de los maldirigentes burgueses. Ese hecho marca el callejón sin salida que representa impulsar tales objetivos hoy en nombre de la unidad 'pan-arábiga' o 'pan-islámica'". En el número 1 de *Nueva Internacional*. US$16 También en inglés, francés y sueco.

no puede haber movimiento revolucionario"

— V.I. LENIN

LA DEFENSA DE CUBA, LA DEFENSA DE LA REVOLUCIÓN SOCIALISTA CUBANA

Mary-Alice Waters

"A medida que los trabajadores entren en lucha con la clase patronal y sus representantes en Washington, los obreros más combativos y con más conciencia de clase comprenderán mejor la importancia de estar hombro con hombro con la clase obrera en Cuba, que lucha en trincheras similares contra el mismo enemigo de clase". En el número 4 de *Nueva Internacional*. US$15 También en inglés, francés y sueco.

EL ASCENSO Y EL OCASO DE LA REVOLUCIÓN NICARAGÜENSE

Jack Barnes, Steve Clark y Larry Seigle

Recuenta los logros de la revolución nicaragüense de 1979 y el impacto que tuvo a nivel internacional. Explica el repliegue político de la dirección del Frente Sandinista de Liberación Nacional que llevó a la caída del gobierno de trabajadores y campesinos al cierre de la década de 1980. En el número 3 de *Nueva Internacional*. US$15 También en inglés.

1945: CUANDO LAS TROPAS NORTEAMERICANAS DIJERON '¡NO!'

Mary-Alice Waters

Sobre el capítulo oculto en que, al final de la Segunda Guerra Mundial, decenas de miles de soldados norteamericanos rehusaron ser utilizados para aplastar la revolución china, las luchas anticoloniales en Asia y luchas obreras en Europa. A finales de 1945, los soldados organizaron mítines y marchas masivos y colectas de firmas tanto por todo el Pacífico como en Francia, para exigir, "¡Devuélvannos a casa!" En el número 1 de *Nueva Internacional*. US$13 También en inglés y francés.

HA COMENZADO EL INVIERNO LARGO Y CALIENTE DEL CAPITALISMO

JACK BARNES

Ha comenzado uno de los inviernos largos y poco frecuentes del capitalismo, explica Jack Barnes. Hemos entrado a las primeras etapas de lo que van a ser décadas de crisis económicas y sociales y batallas de clases. "Al acelerarse la marcha del imperialismo hacia la guerra, va a ser un invierno largo y caliente. Y, lo que es más importante, será un invierno que, de forma lenta pero segura y explosiva, engendrará una resistencia de un alcance y profundidad no antes vistos por militantes de disposición revolucionaria en el mundo de hoy". *Nueva Internacional* **no. 6 incluye:** "Su transformación y la nuestra", proyecto de tesis, Comité Nacional del Partido Socialista de los Trabajadores, y "Crisis, auge y revolución: informes de 1921 por V.I. Lenin y León Trotsky". US$16

NUESTRA POLÍTICA EMPIEZA CON EL MUNDO

JACK BARNES

Las enormes desigualdades económicas y culturales que existen entre los países imperialistas y los semicoloniales, y entre las clases dentro de casi todos los países, son producidas, reproducidas y acentuadas por el funcionamiento del capitalismo. Para que los trabajadores de vanguardia forjemos partidos capaces de dirigir una exitosa lucha revolucionaria por el poder en nuestros propios países, dice Jack Barnes, nuestra actividad debe guiarse por una estrategia para cerrar esa brecha. "Somos parte de una clase internacional que no tiene patria. Eso no es una consigna. No es un imperativo moral. Es reconocer la realidad de clase de la vida económica, social y política en la época imperialista". *Nueva Internacional* **no. 7 incluye:** "Agricultura, ciencia y las clases trabajadoras" por Steve Clark y "Capitalismo, trabajo y naturaleza" un intercambio entre Richard Levins y Steve Clark. US$14